教子有方 **12** 招
——家有12岁以下孩童父母须知

12 Ways to Discipline Your Children

胡慧玲 博士 著

IQ要操练 HQ很重要 SQ至紧要 EQ不可少

引领家有12岁以下孩童的父母，
了解家长的角色，
学习发掘子女的长处，
帮助子女发挥潜能，
享受养儿育女的乐趣！

四川大学出版社

特约编辑：黎伟军
责任编辑：余　芳
责任校对：敬铃凌
封面设计：邓　涛
责任印制：王　炜

图书在版编目（CIP）数据

教子有方 12 招：家有 12 岁以下孩童父母须知 / 胡慧
玲著. —成都：四川大学出版社，2016.9
（亲子教育系列）
ISBN 978-7-5614-9945-0

Ⅰ.①教…　Ⅱ.①胡…　Ⅲ.①家庭教育　Ⅳ.①G78

中国版本图书馆 CIP 数据核字（2016）第 235822 号

书名	**教子有方 12 招**	
	——家有 12 岁以下孩童父母须知	
	Jiaozi Youfang 12 Zhao—Jiayou 12 Sui Yixia Haitong Fumu Xuzhi	

著　　者	胡慧玲　博士	
出　　版	四川大学出版社	
地　　址	成都市一环路南一段 24 号（610065）	
发　　行	四川大学出版社	
书　　号	ISBN 978-7-5614-9945-0	
印　　刷	天津兴湘印务有限公司	
成品尺寸	170 mm×230 mm	
印　　张	12.25	
字　　数	137 千字	
版　　次	2016 年 11 月第 1 版	
印　　次	2018 年 9 月第 2 次印刷	
定　　价	32.00 元	

◆ 读者邮购本书，请与本社发行科联系。
电话：(028)85408408/(028)85401670/
(028)85408023　邮政编码：610065
◆ 本社图书如有印装质量问题，请
寄回出版社调换。
◆ 网址：http://press.scu.edu.cn

序 言

唯真有爱全人成长

现代人想"谈情说爱"并不困难，但当下社会现状与文化生态环境不禁令人产生怀疑：现代人真的了解"爱"吗？真的能够去"爱"吗？爱不仅仅是嘴上所讲的甜言蜜语，也不是脑袋所想和嘴巴所讲、心口不一的口是心非；爱不是强迫双方的互相接受，更不是"我得不到，别人也休想拥有"的自私狭隘想法，那都不过是个人一己私欲以及内心欲望的自我膨胀而已。

不少家庭在现实生活中，夫妻双方能够正确体现真爱的已经难以寻觅。这是为什么呢？家庭问题是一个较为复杂的问题，我们分析个中缘因，绝大多数家庭都不外乎是遇见一些这样或那样的问题："身心灵的弱点与痛楚""对婚姻的不忠""人际关系的挫折""情绪上的失落"等这样一些主要因素所造成的对情绪受困者身心灵上的直接影响。

因此，我们更要认识、体验、分享真爱的含义。真爱是什么？真爱是委身，真爱是不惧怕，真爱是愿意付出，真爱是不伪装，真爱是懂得宽恕。要是我们每个人都懂得以这样的真爱之心作为基础去经营自己的婚姻、家庭、亲子关系、人与人之间的关系，那么，我们就一定能为自己、为配偶、为子女，也为朋友带来更多更好的全人成长。

真爱家庭协会

目　录

认清父母的角色

许多家长以为只要自己不断地强调和重复，

孩子就会照着自己的要求去做，

其实孩子是以父母的行为做榜样并模仿学习的。

父母若是"说一套做一套"，

子女耳濡目染，绝对也会"说一套做一套"。

所以，"身教"是教导的第一步。

本书是一部为养育2岁至12岁孩童的父母所设计的教育子女的课程。本书作者和有关儿童教育机构，本着对孩子教育的重视与尽责的态度，将全力以赴地与父母们一起共同探讨，并给予必要的实际帮助，使家长认清父母的角色，学习如何发掘子女的长处，增强孩子的自信心，讨论教养的大原则，并提供各种实用的管教方法。本书的目的是让爸爸妈妈们不仅尽到教养责任，帮助子女发挥出最大的潜能，还可以享受到养儿育女的乐趣！所以，当你开始阅读本书，练习书中所教授的方法，并且对你的孩子进行新方法尝试和体验时，那么恭喜你，你已经踏上做称职父母的成功之路。

称职父母要学习

在各行各业中想要胜任成功角色，都要受过相当的文化教育和实际训练。许多职业甚至要经过各种鉴定考试才能得到认证，从而具备一定资质，在相应的岗位上发挥才能。

我有一位朋友，想加盟一家"三明治"连锁商店，自己经营管理。这位朋友和他的合伙人在经历了各种各样的相关检验和职业考试后，还要到这家连锁公司的总部进行培训、实习，而且培训之后要去其他连锁店进行实地观摩和操练。朋友和他的团队经历如此繁杂的培训，只是为了经营好一家"三明治"连锁商店。当这一系列"功课"都做完了以后，他和他的合伙人才算是具备开业资质，达到了该连锁店的管理要求。

事实上麦当劳的经营模式也一样，它旗下的联营商店，连收银如此简单的工作岗位，员工在上岗之前也需要通过专门的收银岗位强化培训。并且每一名员工都要学习公司的经营理念与管理制度，了解工作细则。简而言之，就是所有麦当劳连锁店的新进员工，入职后都要进行系统培训，务求大家对于公司的经营理念和服务要求有全面的了解和掌握，为的是确保以后的经营能实现赢利最大化。

由此，我们知道，要想把一件事情做好，首先要对事件本身的性质、理念及操作有全盘的了解。当今社会日新月异、飞速发展，"在职进修"已经被视为职场中很多人必须面对的重要"功课"之一。

反观现代的父母，大部分人在"上岗"之前，并没有接受过任何相关教育以及系统的训练，对于应该怎样管教子女也没有准则可循。许多人不知道如何做称职的家长，更缺少正确的榜样或模式可供借鉴。于是，很多父母在没有接受教育与训练的情况下，就在尝试错误与挫折中，跌跌撞撞地承担起养育和教导孩子的责任。事实上，当成功且称职的父母是一份既艰巨又复杂繁重的工作，需要有来自许多方面的协助，才能圆满完成这份浩大的工程。

作为父母，不仅需要对孩子有许多关爱与精神上的付出，而且在金钱方面也需要大量的付出。每当我在各地开设亲子课程时，总会在第一堂课上问学员们，知不知道养育一个孩子，从婴儿到大学毕业，需要花费多少金钱呢？大多数人从来没有思考过这个简单的问题，更别提仔细去计算孩子成长所要花费的成本。

养儿育女价不低

那么，我们不妨来算一算养儿育女的成本费用。在北美，想要养育好一个孩子，所费不菲。《科学美国人》（*Scientific American*）杂志的一份调查结果显示，单是新生婴儿的纸尿片的开销就不小。如果按照每包（40片）10美金（约为人民币67元）计算，在学会大小便以前，平均一个孩子（大约到2岁）估计要用掉1万片纸尿片，这就是一笔不小的开销。除此以外，还有孩子吃、穿、玩、学的各种花销，都需要父母自掏腰包，点点滴滴都要再加上去。事实上，许多父母只要是为了孩子所花掉的钱，无论多少，经常是连眼睛都不会眨一下的。

当孩子长到了17岁，北美的父母往往要花费掉大约15万美元（约为人民币100.5万元）。不仅如此，加上这17年间的通货膨胀因素，如果将这些花费折成当前市值的现金，这15万美元就会变成24万美元（约为人民币160.8万元）。如果再将孩子读大学所花费的高昂学费也预先计算好，那就更是一个惊人的数额了。这是在美国的现状，相信在中国也是同样昂贵。

现在很多美国家庭都是由一方家长在家负责管教子女（这个角色通常由妈妈来担任），而另一方则负责赚钱养家（而这个角色通常是由爸爸来担任）。尽管很多妈妈也曾经受过高等教育，但为了照顾孩子，她们往往会放弃在外工作的机会，选择待在家中。假如再把妈妈没有出去工作所失去的薪水，与孩子成长所花的费用加在一起，根据这个调查，仅仅是一个孩子的成长，就要耗费掉一个家庭100多万美元（约为人民币670多万元）。

如此看来，像我有3个孩子，要是每个孩子需要花费100多万美元，那么我总共就要花掉300多万美元（约为人民币2010多万元），才能将3个孩子养育到大学毕业。这对于我家来说，是多么巨大的一笔开销啊！

然而虽然养育子女所需要花费的金钱这么多，但是每个父母都还是会舍得为孩子付出。不过，父母需要认识清楚，在为孩子倾其所有付出金钱的过程中，难道自己只是扮演了一个"财神爷"的角色吗？难道孩子要什么就给他什么，这就是家长应当充当的角色吗？恐怕不应该只是如此吧？

父母对子女有期待

　　父母爱孩子，甘愿为孩子付出很多时间、精力、金钱，是因为对子女怀有美好的期待。许多家长都希望，能把孩子培养得比自己更成功，将来比自己生活得更好。更有些父母，若看见别人家的孩子在某些方面比自己的孩子强，心里就会有酸溜溜的忌妒心理；若是自己的孩子有某些成就，就不但喜不自胜，甚至还会四处炫耀一番。

　　父母总希望自己的孩子能与众不同，将来能飞黄腾达、出人头地并且成就非凡，这实在是天下父母的共同心愿。所以，笔者经常看见许多家长，从孩子很小的时候起，就开始送孩子去学习不同的才艺，琴、棋、书、画，样样都学，希望孩子能"赢在起跑线上"。有些家长为了孩子能学到一技之长，无惧路途遥远、舟车劳顿、花费巨大、费时费工，即使过程再辛苦，也在所不辞。

　　笔者也曾经有过对孩子过度期待的亲身经历。当我看到大女儿第一年的成长过程是如此奇妙令人赞叹时，就觉得她实在是聪明非凡，在我和丈夫的眼中她犹如天才儿童一般。现在说起来仍然觉得很好笑，我们夫妻俩当时甚至经常有冲动，想带着孩子去询问我们的小儿科医生，请他判断并鉴定我们的女儿是不是天才儿童。做家长的期望值就是这么高。

　　不仅如此，在她还不到1岁时，我就带着她去上亲子课程。记得上第一堂课时，老师就说："要想培养孩子的毅力，首先家长自己要身体力行，每次都要坚持来上课，不能偷懒懈怠。因为家长一旦没有毅力，孩子就有样学样，也会开始耍赖懈怠。"

听到这样的惊人之语，再加上还缺乏做母亲的智慧，我在当时暗下决心，自己可以没有毅力，但是为了孩子，一定要做个好榜样，无论如何一定要有始有终地坚持上完全部的课程。有一次我病得实在是爬不起身来，但是为了不缺课，就打电话请我妈妈大老远赶过来，替我陪女儿去上那堂45分钟的课，再开一个钟头的车回家。结果我妈妈陪孩子上完课后，向我抱怨说："孩子不到1岁，她能懂什么？而且根本也没有什么内容的嘛，还要我辛辛苦苦开两个钟头的车。"事实上，也真不差那一堂课，只是我爱女心切，期望太高。

父母疼爱子女，为儿为女再辛苦再劳累都心甘情愿，总希望孩子将来能够成才。正所谓"望子成龙，望女成凤"，这真是道尽天下父母的心声。这样的心态，原是无可厚非的。

一、当心过度期待

在父母对孩子有高期望的同时，很多时候却没有仔细思考其子女的天生特质，在教养时很容易不知不觉地将自己过去或小时候无法实现的梦想和理想强加到孩子身上，一味地坚持孩子要达到自己所设立的高标准，往往因此伤害了孩子的幼小心灵，也阻碍了孩子情绪的健康成长。到最后甚至破坏了家长与孩子原本可以建立的和谐的亲子关系，这样的结果实在是得不偿失。

刚才提到的"望子成龙"和"望女成凤"，只是一种比喻与象征的说法，并没人真正看见过"龙"和"凤"的样子，因为它们是想象出来的动物。所谓的"龙、凤"，指的是个人长大后获得极大的成功以及发挥了自身最大的潜能。事实上，现实世界看得见的动物是多种多样的，如猫、狗、兔子、大象、牛和马等，每一种动物有其不同的特性和长处。即使是同一种动物，其中的每一只也都有自己的特点。俗话说："一龙生九子，九子各不同。"人类也一样，每个人都有着自己独有的特性与天分。父母常常没有注意到每个孩子所具有的、属于他自己的独特的天性，而一味地期待孩子能够达到自己所期望的目标和理想，一厢情愿地要子女变成人中龙凤。面对这样一种情况，我们必须认识到，父母需要在心理上做好充分的调整，要知道所谓的"成龙""成凤"，实际上就是帮助孩子充分利用自己与生俱来的特质，并且发挥出最大的潜能。

二、帮助发挥最大潜能

许多时候，父母会不太在意自己孩子的天性，而总是只看到别人家孩子的长处。于是，李家的父母想要将自家如兔子般活泼可爱的孩子变成像洪家那个仿佛马儿一般性情热烈奔放的孩子；而洪家也不满意自家喜欢飞跑的孩子，反而羡慕陈家那沉着稳重如大象的孩子。没想到，陈家也嫌自家如大象般稳重的孩子太没有活力，反而希望自己孩子可以如李家的孩子一样活泼可爱。

其实这都是很不切实际的想法和要求。父母非但没有好好地帮助孩子充分利用自身的特质，发挥潜能，相反地只是一味要求孩子向着家长自己所希望的方向发展。并且许多时候家长所希望的事情，都正好与孩子的特质相异。试想一下，假如陈家的孩子是一条龙，李家的孩子也是一条龙，家家的孩子不是龙就是凤，那么，这样的世界还有什么特色和个性可言，恐怕早就是"群龙无首"的状态了。

父母的角色定位

一、父母是辅导，不是主导

在教养子女时，当务之急是要认清父母的角色定位。首先，成功的家长应该知道自己是孩子的"辅导"者，而不是孩子一生的"主导"者。我发现身边的有些父母经常觉得，孩子既然是自己生下来的，就等同是自己生命的延伸，所以孩子应照着父母的期待功成名就、光耀门楣，于是就想主导子女的生活并安排其一生。从孩子上什么幼儿园直到孩子上大学时读什么科系，都早早为子女进行了目标锁定。

其实父母要意识到，养育孩子不是为了光宗耀祖，或是使自己更体面。迪士尼卡通电影《花木兰》里的父亲对女儿施压说："你要按着我所期望的方式成功，就可以为家族争光，否则就会使祖先蒙羞。"父母若以这样的态度教养子女，对孩子的成长其实是一种莫大的阻碍。这样做的结果就是，许多子女到青春期时就严重叛逆，或者子女为了讨父母欢心，选择了与自己性格相矛盾的学科与行业，因而一辈子郁郁寡欢。

很多父母都希望子女长大之后能够从事律师、医生、工程师、会计师等社会地位稳定、收入偏高的职业。我在教授亲子教育课程的过程中，看过许多相关个案，内容都大致类似，就是孩子被父母逼着去念自己不喜欢的科系，到大学毕业时，孩子便将文凭交给父母，并说道："这是为你们读的，现在毕业证书送还给你们，从此我要过我自己的生活，拜拜了！"想想父母辛辛苦苦将子女养育成人，结果孩子不但不感激，反而对父母充满怨气，到最后一走了之，真是何苦来哉！

还有一些家长对孩子不够努力的表现感到愤愤不平，说道："我小时候想拥有一台钢琴都得不到，现在给你买了钢琴，你就得给我好好地学着弹。"父母带着圆自己儿时梦想的态度去培养孩子的兴趣，而不考虑孩子自己的兴趣，并使用不正确的方法进行鼓励，弹钢琴就有可能成为全家日日争吵与矛盾痛苦的来源。有智慧的家长应仔细观察孩子感兴趣的才艺或专业，给予鼓励与支持，并且找出合适的方法，帮助孩子培养自身的毅力与专注力。

要知道孩子并不是为父母而活着，也不是为了给父母圆梦而来到这个世界上的。孩子有他们自己的道路要走，父母不应操纵子女的一生，而是要辅助他们找到正确的方向。

以孩子学骑脚踏车为例。每个孩子刚开始学习骑脚踏车时，都抓不稳车把，跌跌撞撞的情况时常发生。父母需要耐心地在车架后面帮忙扶着，等到孩子骑得有明显进步时，家长才可以松手让孩子自己骑，这就是辅导。假若父母缺乏耐心，受不了子女车骑得不好的状态，就不耐烦地叫孩子下来，自己骑上车去，这孩子肯定学不会骑脚踏车。同样道理，父母若想要主导孩子的一生，到最后，孩子反而学不会独立生活的本领。

二、父母是教练，不是老板

美国职业球队都有教练和老板。老板有着最绝对的权威，他想怎么做就怎么做。球员若表现不理想，随时可以被老板换掉甚至被卖掉。但是好的教练能够看出个别球员的潜力，不会将前锋球员放在后卫的位置上。成功的父母也要像教练这样，能够发掘子女的特长，激发子女学习的动力，帮助他们发挥出最大的潜能。

好的教练除了将球员放在正确的位置上，还会在上场比赛之前给球员精神鼓励。优秀的教练在球员上阵前，必定会说一番振奋人心的话语来激励球员的士气，如："我看过你在练习时的表现，我知道你可以的。勇敢地去拼吧！加油加油！"如此，受到教练鼓励的球员上场后就会拼命发挥出自己最好的状态，甚至超常发挥。而假若教练在球员上场之前先警告或训话一顿，并威胁某某球员，若在赛场上面表现不佳就要把他换掉，这个球员在重压之下便很难取得好的成绩。

同样道理，做父母的若在孩子上学之前对孩子说："你今天最好给我乖一点，要是在学校又犯了什么错，小心回来就要给你'好看'。"孩子上学，尤其是上考场时，就会一直担心会回家挨揍而无法专注学习，反而表现失常。所以，父母若要激发孩子的潜能及学习的热情，就要学习当优秀的教练，看出孩子的优点，鼓励并帮助孩子发挥出最大的潜能。

三、父母是管家，不是主人

父母不应一味地效仿这个世界所定义的成功，教养子女的方式也不应一成不变。我有时会听到家长辩解说："当初我父母那样对我，我不是也好好的吗？为什么我不能用老方法来对待我的孩子呢？"然而事实上，此一时彼一时也。现在的孩子与过去的孩子相比，成长的社会环境已经有了很大的不同，因此管教方法也必定要有所不同。

父母是上天赋予孩子的监护者，不能随心所欲想怎样就怎样，也不能一味地效法这世界的潮流。

成功称职的父母需要有五种认识

在现今的时代，应如何做才能成为成功称职的父母呢？家长们需要有以下五个方面的认识。

一、认识环境对孩子的挑战

不能再完全参照从前我们父母的旧方法来管教现在的孩子。过去社会风气相对单纯，资讯也比较少，父母对孩子管得很紧，孩子也相对容易控制。但今非昔比，现在的孩子面临的诱惑和挑战与从前截然不同。在资讯发达的当今社会，有电脑游戏、电视及网络的暴力及性诱惑、烟、酒、毒品、帮派、同侪压力、升学压力，还有从父母来的压力，一切都使得现在的孩子比从前更容易被引诱而学坏。相比之下，以前的孩子要面对的困难和压力就少很多。许多家长都异口同声地表示，现代孩子要抵挡诱惑，不被社会上一些不良的风气所影响，实在不是一件容易的事。

前文曾经提及各行各业都要通过专业训练才能上岗，可是做父母的恰恰就没有"被训练"的经历。我们唯一学到的就是原生家庭中父母的管教方式。他们怎么管我们，怎么骂我们，耳濡目染之下，早已潜移默化地根植在我们头脑中。所以，当自己的孩子表现得不乖，或者是不够听话的时候，就会潜意识地从脑海中浮现出小时候被父母打骂的记忆，不知不觉地如法炮制，用在自己的孩子身上。而这些旧方法大部分是打骂教育，并不适合现今的孩子。

二、认识孩子的独特性和个别需要

张家的孩子与林家的孩子本来就有许多的不同，就连自己家里的老大与老二，也会有不一样的性格与爱好。不知道有没有人会感到纳闷，同一对父母所生的孩子，怎么会有这么大的区别呢？其实，天底下每一个人的特性都是大相径庭的，各有着与生俱来的独特性，父母要仔细观察才能发现每个孩子的个别特质，帮助他发挥出独特的潜能。

当家长对孩子的行为表现不满意时，常会说："你怎么不像你的哥哥（或任何一位手足）那样？"这样的比较不但对孩子的改变没有任何帮助，相反，还会惹得孩子产生不必要的忌妒或怨气并导致手足之争。若是将自家孩子与别家孩子相比较，肯定也一样会产生负面效果。每个孩子特质不同，无法相比也不能相比。

有些家长看见别人的孩子学了什么才艺或是乐器，就一窝蜂地跟着要自己子女也去学，却没有注意到自家的孩子是否对那项才艺有兴趣，最后亲子间就经常为课外活动的安排闹得不愉快。

另外，每个孩子的天性需要也是有所不同的。有的孩子需要有规律的作息；有的孩子需要较多时间适应环境；有的孩子生下来就比较情绪化，需要家长在管教时使用更多的耐心与同理心。对待不同的孩子，一视同仁并不是最好的管教方式，因材施教才更奏效。这个观点是一个关键话题，我们会在后面的章节做更详尽的讨论。

三、了解自己的优缺点

家长若能更充分地了解和认识自己的优缺点，在教养孩子的问题上面就可以扬长避短，也就能知道自己该在哪些方面有更多的自我成长。若是发现自己常常对孩子没有耐心，一看到孩子不乖或是课业表现不够理想，就很容易发脾气，这时就需要思考并探讨自己怒气的来源，并学习如何有效地表达及处理自己的怒气。怒气处理是一门学问，有许多知识与方法可以学习。笔者另有一套针对此主题的光盘课程，读者也可以在图书馆找相关书籍研读。

另外，也可以根据自己的优缺点，与配偶商量如何更有效地互相配搭，为教养孩子找到更合适的方式。上天是很幽默又很有智慧的，知道我是急性子的人，恰恰配给我一位性格温和的先生。当我的孩子还很小的时候，我负责辅导孩子的功课，但是因为我的性子急，教着教着脾气就上来，声调也变得大起来。这时我就提醒自己："这样不行！火气大起来，孩子会被吓坏。如此一来，他不再对学习感兴趣，岂不是适得其反？"

于是，我与先生商量，让他来辅导孩子的功课。爸爸耐心又温和，孩子也学得很快乐。当然，我也要自我成长，学着有耐心，懂得理解每个孩子的成长和成熟度都有所不同，有的快有的慢，若还没有开窍，就要耐心等一等。我更要学习处理自己的怒气，找出怒气背后的原因，不能随随便便就乱发脾气。

自从把辅导孩子功课的事情交给孩子的父亲以后，我感觉日子轻松了许多。先生在教导孩子做功课的时候，我就发挥我口才好的特长，不断地鼓励他们。经常告诉先生他是多么称职的一个好爸爸，告诉孩子他有多么棒，又有多么明显的进步。当我们夫妻俩更多地认识到自己的优缺点以后，在教育孩子方面就彼此取长补短，获得了明显的效果。

四、认识教育的优先次序

在教育孩子的时候，常常需要问自己什么是养儿育女的重点。父母在养育过程中，经常会被一些次要的事情所蒙蔽，却把重要的事给忽略了。

有一位母亲，为了使子女的牙齿整齐美观，在孩子很小的时候就让孩子装上"牙箍"。在美国装牙箍是很贵的，两个小孩都装上就花掉了1万美金，这确实价格不菲。

牙医告诉这位妈妈，需要注意叮嘱孩子，每餐饭后务必好好刷牙，否则牙齿调整好了，却患上了蛀牙，那么这先前装的牙箍也就算是白做了。所以这妈妈每天早晨都很紧张刷牙这件事，规定孩子吃完早餐之后，一定要刷牙才能够出门。

从此，这个家庭每天早晨需要上演的节目就是，妈妈叫孩子快快吃完早餐好去刷牙，但是孩子毕竟是孩子，总是慢条斯理的，因此妈妈嫌孩子动作慢，就很不高兴地开始骂孩子们。爸爸看到妈妈一大早凶巴巴地教训孩子，就很不高兴地数落了妈妈几句，妈妈当然也不甘示弱地回敬爸爸。就这样一家子为了牙箍这事，每天清晨都处于乌烟瘴气、鸡飞狗跳的情境之中。

我们知道，一日之计在于晨。想想看，发生这些事情之后，孩子到了学校，心情会好吗？先生去上班心情又如何？妈妈的心情想必也是好不了。保护好牙齿当然重要，并不是说孩子可以不用刷牙。但是难道没有其他更好的方法，可以不用令全家人那么愁云惨淡地憋着一肚子气出家门吗？有智慧的父母应该另外找时间跟孩子沟通，而不需在每天清晨破坏大家的心情。

然而话说回来，做家长的经常会被小事羁绊住，以至于忘记在教育孩子的过程中，什么才是更为重要的事情。而到底什么事情才是比较重要的呢？如何才能做出一个有智慧的次序排列呢？若家长将所有的事情都看作一样重要的时候，最后全部事情都会变得不重要。我们将会在后面的章节中，帮助家长们懂得有智慧地分辨管教的优先次序。

五、使用不当管教方式的结果

许多时候父母没有学习新的教养方式，孩子若有"状况"出现，家长的本能反应就是，以过去原生家庭的管教方式来对待孩子。而过去一般家庭，对子女的管教差不多都是打骂式的教育。孩子顽皮，打骂孩子；孩子不听话，打骂孩子；孩子不好好读书，打骂孩子；孩子吵架，也是打骂孩子。

1. 油漆墙壁的工具预备

假设我们要油漆一面墙壁，我们会需要多少工具？首先，要是墙壁有破洞，就需要用补墙的石灰及工具来补好这个洞，等石灰干了还需要用砂纸打磨平整。然后，在地上铺上报纸，窗户及门框也需要用报纸或塑料纸贴住，才不会因为不小心滴洒而沾到油漆。当然还需要底漆与油漆，以及大大小小各式各样的刷子、盘子等。假如连天花板也要漆的话，还需要准备电动喷漆工具及楼梯。

想想看，只是刷个墙壁而已，原是小事一桩，却要准备十多种工具，才能将墙面漆好。

　　再试想一下，要是将油漆墙壁的工作与教养孩子长大成人两件事情相比，哪一件事情更容易？我想所有人都会做出正确的判断，当然是刷油漆的活比较容易。若是容易的工作都需要十几种工具才能做好，那么家长们想要成功地教养好的孩子，我们的口袋里面，到底要准备好几种工具呢？

　　## 2. "打小头"游戏机

　　在美国，有一种特殊商店，这种商店为了专门招揽12岁以下的孩童，除了售卖比萨等食物之外，还有许多的游戏机可供孩子玩乐。只要点了比萨，就可以在商店里面边吃比萨边玩各式各样的游戏。这些游戏机中有一种装置，上面有许多小洞，洞里会不时冒出动物的小脑袋，若在小头冒出来时用槌子击中就能够得分。孩子小的时候，我常常带他们去玩这个游戏，刚开始动物脑袋慢慢地冒出来，孩子还来得及将它敲回去；但小头冒出来的速度越来越快，就需要加快动作才能击中。通常当孩子们玩到后来，手脚动作已不够快，我就会将锤子一把抓过来，换我来打。

　　其实，这很像许多父母教育子女的方式，手中拿着的工具就是打骂的槌子。孩子敢不乖、不听话，头敢冒出来，做家长的就以打骂敲打下去。要是孩子再不乖就再敲回去，越来越不乖，就越敲越快。难怪孩子教不好！若粉刷墙壁只用槌子的话，后果会不堪设想，更何况教养现代孩子，只用打骂如何能成功呢？

　　本书将陆续教导家长12种教育子女的实用方法，也就是"教子有方12招"。看到孩子的招数，你就可以见招拆招地应对，不仅足够应付孩子的各样顽皮花招，还可以让孩子与你的关系变得更加亲密，把孩子教养得成功、出色和自信。你将不再需要用一只槌子、"一招打遍天下"的方式来管教孩子，因为打骂教育是不能够全面地教导孩子的。

家长的三大责任

一、监护

监护，即监督和保护。家长监督子女不要触犯法律，就好比工厂里的工头，如果手下的工人没做好，工头就要背负过失的责任。假如我们的孩子有过失，父母就要受牵连，负责承担孩子犯下过失的责任和后果。监护就是保护孩子不要被危险伤害或做有危险的事情。

二、提供资源

提供资源，即负责供应孩子衣食住行的需要。当然这个意思不是子女可以对家长欲取欲求，而是指在生活中能够让孩子吃饱穿暖，有房屋居住，孩子生病时送孩子去看病等，这都是最起码的日常需要。在这些生活细节方面，大部分中国父母做的都是有过之而无不及的。

三、教育

每个人生下来都有受教育的权力，而家长则是负责让孩子接受教育的主要监护人。因为只有通过受教育，才能唤醒孩子潜在的能力，使他的才智得以发展，更令他摆脱无知与愚昧，增长见识与才干，进而使他在成长过程中享受到人生的美妙。

家长须知世上没有十全十美的孩子

我上亲子课程时喜欢邀请家长一起来"做梦"，就是做一些假想：假设你可以"订购"一位十全十美的孩子，从此就可以不用再抱怨了。那么，你会要一个什么样的孩子呢？

假如孩子的特质可以像上网购物一样，要什么有什么。你会选择哪10样必须要有的优点呢？于是课堂上每个家长都开始编织自己的美梦。又因为一人可以提出10个优点，霎时之间，就满天飞舞着家长心中认为必需的各种优点。

一、优点满天飞

家长们往往有许多很好的理由来满足自己的梦想。比如听到一家乐器行的广告词说"学琴的孩子不会变坏"，父母便照单全收，不管是什么乐器，总要孩子学上一门。有的家长很看重积极进取、奋发向上的品德。也有的家长因为感觉现代人患抑郁症的情况越来越普通，所以希望孩子能快乐地生活。当然健康是幸福的基石，若是孩子身体或智能上有残障，父母会比一般家长辛苦许多倍，所以健康太重要了。诚实，有爱心和热心公益也很重要。人见人爱，高智商，高情商，善于沟通，才能在社会上如鱼得水。

很多家庭往往很看重孩子的学习成绩，成绩单要全A等，若没有好的成绩，家长往往觉得很丢脸。有人则看重孩子会不会理财，有一本畅销书《富爸爸穷爸爸》里讲到理财的重要性，引起许多人的共鸣。还有的家长觉得孩子具有幽默感很重要，这样才不会活得太辛苦。另外还有如同理心，不闹情绪，勤奋不懈怠，自动自发，有礼貌，爱运动，有艺术天赋，等等。最好是样样都行，有才华，善良，孝顺贴心，动静皆宜，对人慷慨大方、对己节俭，胜不骄败不馁……列举的项目可以不断延伸下去！总之就是希望孩子不仅要品学兼优，还要德智体全面发展，甚至十八般武艺样样精通。

列举到这里，通常都会有家长开始偷笑，因为如此一来早就远远超过"订购"的10项优点。而且仔细查验这些期待与要求，我们不难发现，这些优点不要说小孩子难以具备，就连成人都无法完全做到。要是真有这样十全十美的人，那么肯定不是凡人而是神人，需要被顶礼膜拜了。

有些家长也许会反驳说，我没有那么多的要求，只是希望能够满足重点要求就行了。其实父母若能静下心来想一想，就知道许多时候我们连日常最小的事，如"有礼貌"之类，都会对孩子有着严格的要求。我们时常看见有家长在与朋友见面时，为了表现出自己孩子有礼貌并且也让自己有面子，就强迫子女叫对方"阿姨"或"叔叔"。若是孩子不肯叫，父母就不断提高声调，威逼利诱孩子就范。也就是说，做父母的完全不考虑孩子会不会有什么情绪上的不愉快，或是内向性格而不想叫。可见，父母经常一厢情愿地希望孩子在每一件事情上都要做得好一点，最好再好一点。

二、只选3个

让我们回到现实，想想以上众多优点中，若只能选择3个的话，家长应首先选择哪3个呢？根据我多年教导的经验，首选的2个都是希望孩子拥有健康和快乐。至于第3个则见仁见智，不同的族群有不同的愿景。然而我要问家长的是，既然你的孩子已经满足了三项必要优点条件中最重要的两项了，为什么你还不满意？许多父母都哑口无言。可见，想的与做的是两回事。

三、家长自己有几项优点？

当我继续问家长："十全十美的众多特质与优点当中，身为家长的自己，又拥有几项呢？"此时父母们经常会彼此腼腆相顾，干笑几声。有时会有人勇敢地回答："正是因为自己没有，才希望我的孩子能够具有这些品质嘛！"这话乍听之下好像很有道理，可是要知道你的孩子是有样学样的。俗话说，"龙生龙，凤生凤，老鼠的儿子会打洞。"

每个孩子都有优点也有缺点，就像每个成人有优缺点一样。父母经常在不知不觉之中，将各种各样的期待加之于子女的身上，造成亲子之间关系紧张。其实，既然没有十全十美的成人，父母就要明白，不必塑造十全十美的小孩。许多家长因为可以放下塑造十全十美孩子的重担，而松了一口气。

教子有方第1招：身教

当听到"这孩子欠管教"这句话时，我们最先想到的是这孩子欠打骂。然而"管教"的英文单词是"discipline"，其字根是"disciple"，也就是学徒的意思。既然有学徒，当然就有师傅。也就是说，父母是师傅，要先做给孩子看，然后孩子才有样学样地照做。当父母以身作则成为孩子的好榜样时，孩子有样可循，学习的效果才可能变好。所以，"身教"才是教育的真正含义，教子有方第1招就是"身教"。家长怎样做，孩子看在眼里，家长就是孩子行为的榜样。

一、原生家庭影响深远

我的妈妈有9个哥哥姐姐，她是家中排行最小的幺女，一个大家族中最受宠的掌上明珠。她小时候上面有哥哥姐姐们抢着做家务，稍长之后又有嫁进门的嫂嫂接手，所以她从来不必也不懂得如何操持家务。我的妈妈结婚后生了5个孩子，因为不会打理家务，每当孩子们将家里弄得天翻地覆的时候，她就会变得很抓狂，无所适从地走到孩子旁边，对着孩子尖声大叫。而我在家中排行老大，总是第一个遭殃。记忆当中，我常常被母亲的尖叫声吓得半死。因此从小下定决心，将来当妈妈，一定要对自己的孩子轻声细语，温温柔柔的，绝对不要大声乱叫，以免吓着孩子。

但是立志向善由得我，只是能不能实现，可就由不得我了。当第一个孩子出生后不久，面对孩子没完没了的哭闹，我尝试了所有让她安静下来的方法都没有奏效的时候，我的第一个反应就是尖叫。可见原生家庭对于一个人的影响是多么深远，而且许多人发现自己年纪越大就越像自己的父母，不知道大家是否也有同感？

二、孩子是通过榜样学习的

曾经有一位妈妈跟我抱怨说："我的女儿才上小学，十分喜欢打扮，每天早上要花45分钟打理头发，上学都要迟到了还不着急，我真拿她没办法，也不知道孩子是跟谁学的。"我一边听一边观察眼前这位家长，只见她打扮光鲜、衣着时髦，穿时尚的皮裤，头发挑染红色，很显然这女儿是跟妈妈学的。在我还没有开口之前，这位母亲赶紧解释说："我也有对我的女儿说，以后长大再学打扮，现在读书要紧。"虽然妈妈说是说了，只可惜孩子基本上是跟着榜样学习的。

教子有方第1招是"身教"。许多家长说一套做一套，对子女说："我只要你照着我'说的'去做，可是不要学我'做的'去做。"问题是身教重于言传，孩子自然学会的是父母所做的那套。

家长若是动不动就爱发脾气骂人，孩子也会学到坏脾气。爸妈整天唠叨孩子要好好读书，自己却整天看电视，孩子自然觉得看电视比读书重要多了。想要子女谦恭有礼，自己却没有首先做到尊重孩子，子女学到的就是我行我素。父母若没有首先做好榜样，而是说一套做一套，子女长期耳濡目染之下，学会的就是父母的那一套。所以，身教是教子的第一步。

接纳孩子的独特性

父母与子女虽然每天见面，
但若不刻意观察，
不一定能够注意到子女的独特之处。

父母都希望子女能有良好的自我形象，能够面对成长过程中的压力，勇于尝试新的事物，不惧怕失败，有良好的自信心。只是父母经常不懂得一个道理，就是子女往往是从父母的眼里看见自己的存在价值。当父母欣赏及接纳子女与生俱来的独特天性时，子女也就更能接纳自己，进而获得更好的自我形象。

许多家长之所以主动参加亲子教育课程的学习，其动机和出发点是想知道有没有更好的方法来管教家中的小调反。可是我发现，如果家长在学习实用的教育方法之前，对自己小孩的独特性没有足够的了解，那么这些方法很可能会被滥用，甚至被误用。

每个孩子都是独一无二的

对于一个孩子已经拥有的特质而言，首先要思考并提出的问题是：到底是先天因素对孩子的影响大，还是后天因素影响大？根据过去上亲子教育课程的家长们所给的答案，大部分家长认为是后天影响较大。许多家长认为孩子从呱呱坠地起就是白纸一张，随着父母的培养，孩子就可能会变成某个样子。然而这观点并不完全正确。

心理学对此问题非常关注，进行过许多过长期研究，想要弄清影响一个人的性格与行为的最大因素到底是"先天的"还是"后天的"。科研人员找到许多同卵双生、异地抚养的孩子作研究对象。所谓的同卵双生，就是有着一模一样的基因组合，也就是说这对双胞胎的遗传因子完全相同。不仅如此，他们还要是被异地抚养长大、彼此不知道自己有另外一个双胞胎手足的孩子（孩子生下来之后，就被不同的养父母分别领养到不同的地点）。最终选中的理想目标有：一个在乡下，另一个在城市；一个在美国，另一个在欧洲等。在先天相同，而环境及养父母不同的情况之下，后天的影响就会更加明显。

研究人员选取合适的例子进行观察和比对，发现这些案例当中有太多相似之处。调查结果显示，这些已经长大的双胞胎不仅仅身材相似，作息习惯雷同，兴趣爱好类似，甚至连啤酒都喜欢同一个牌子。同一对双胞胎不只学历相当，所选择的职业也类似。一个主修英文，另一个主修写作；一个当警察，另一个当消防员；一个喜欢户外活动，另一个不喜欢待在家里；一个是晚睡晚起的，另一个也是夜猫子。令人纳闷的是，由不同父母抚育并在不同环境下长大的孩子，照一般人的理解，应该会有很多的不同，但事实并非如此。

在众多的案例中有一对双生子的特点最为突出：这对双胞胎不仅上面所说的几项特征都符合，甚至连各自所娶的老婆居然都有着相同的名字，两人所买的房子朝向和方位一样，房子都漆相同的颜色。也就是说，先天对于一个人的影响真的很大，甚至到了一个令人瞠目结舌、难以置信的程度。

孩子出生的时候，因为遗传因子的缘故，其未来的行为模式许多已经被决定了，而这些行为模式基本上不会有很大改变。换句话说，孩子的许多特性是与生俱来的。既然是与生俱来，也就没有什么好坏之分。每个人都是上天奇妙的杰作，父母要懂得更多地去欣赏自己的子女。

九种独特天性

每个人都有自己与生俱来的天性，儿童心理学专家将这些天性分成九种。

一、敏感度（"敏锐"相对"大而化之"）

新生婴儿从刚生下来的那一刻开始，对声音、气味、温度、色彩和味道的敏感度就各不相同。不同婴儿哭泣、欢笑的方式也不同，对受挫的反应也有差别。有的婴儿天生就非常敏锐，反应强烈；有的婴儿一旦哭起来声嘶力竭，惊天动地；有的婴儿却总是斯斯文文，安静沉默的。无论是敏感强烈还是相对迟钝，这都是孩子与生俱来的天性，在以后的成长过程中，基本上不会有太多的改变。

到底孩子的个性是敏感度高好，还是不那么敏感好？敏锐本来是好事，但太过敏感却是很令人头痛的事情。许多人喜欢大而化之的孩子。然而大而化之的表现固然不错，但要是太过于大而化之，有时也会变得不好。这些与生俱来的"天性"，并没有绝对的"好"和"坏"之分。

二、活动力（"高"相对"低"）

活动力通常是指孩子在各式各样的活动中所展现的精力状况。有些孩子天生就有非常高的活动力，但有些孩子则较不喜欢活动。

我的大女儿就是一个活动力很高的孩子，在新生儿时期，她不像一般的婴儿每天平均睡觉18至22个钟头，而只睡8至9个钟头。更糟糕的是这8个钟头还不是一次性完成，而是分好几次来完成。她往往一次睡1个钟头，再起来哭闹2个钟头；接下来又睡上半个钟头，再闹上2个钟头。我和我先生两个新手父母被她折腾得很惨。还好，这样的情形在两个月后就开始改变，她开始能够一觉睡到天亮。但是，她仍然不需要太多睡眠，只要晚上连续8个小时的睡眠就够了，白天一天都不用再睡午觉。

我的大女儿3岁开始上幼儿园，当时老师规定孩子们中午都要午睡，女儿因为睡不着，只好勉强躺在小床上翻来覆去，很是痛苦。一直到5岁上大班的时候，老师允许小朋友午休时间可以自由选择不睡午觉，做其他安静的事情，她才觉得高兴自在起来。每个孩子各有不同的活动力，因此对待孩子要因人而异。

父母若是不了解这点，就有可能会经常斥责高活动力的孩子说："你怎么不知道闲着，为什么总是一直动来动去？"对于活动力低的孩子，做父母的可能也会斥责说："你怎么就这么懒，也不出去活动活动。"活动力高的孩子可能会喜欢各样的游戏或运动；而活动能力较低的孩子，对于安静读书、画画等事情会比较喜欢。

三、掌控力（"高"相对"低"）

有些孩子从小就有较高的支配欲，喜欢当领袖；而有些孩子的支配欲却比较低，不想引人注目，长大后是较可靠的跟随者，这也是天生的。一般来说，家长会喜欢孩子在人群中，能在前不在后，作首不作尾。但是父母若不注意观察孩子的独特天性，而一味地要求子女违反他们天生的性格，反而会给孩子制造出许多不必要的压力及伤害。

四、规律性（"规律"相对"机动"）

有些孩子生活起居，如睡觉、吃饭及如厕都非常有规律，什么时间做什么事情都可以预测。我曾经看见过一个小孩，就是属于很有规律性的孩子。大家前一分钟还在逗着他乐，下一分钟他就睡着了，因为午睡时间到了。

另一种孩子就不是那么有规律，是属于机动性的。这样的孩子一旦高兴起来，尤其是有玩伴来的时候，就可以一直玩下去。超过睡觉时间不但没有困意，还神采奕奕。只是到了第二天，就可能需要睡久一点把睡眠补回来。请问是有规律性的孩子好，还是机动性的孩子好？许多的家长都会认为，有规律的孩子较容易养育，因为孩子的作息有规律，就容易配合孩子来安排自己的时间。

但是，若从另一个角度来看，有规律的孩子相形之下没有机动性的孩子善于变通。而且还要看看这孩子的妈妈（孩子的主要照顾者）是哪一种特性，两人之间的规律是否匹配。

例如，有规律的孩子遇到机动性的妈妈，当吃饭时间到了，妈妈不断地向孩子解释，还有一点时间就可以到家，到家后再吃东西。但是这个有规律的孩子就是不愿意等，一定要马上停车买东西吃。如此一来，问题就会出现。所以，要看孩子与父母彼此有没有相匹配的性格特征，才能判断孩子与家长之间会不会有问题出现。

如此说来，从人的复杂性和多样性来看，先天的特质也就无所谓绝对的好与不好，而要视情况而定。然而，也正是由于有着这些多样性，这个世界才如此的纷繁美妙。

五、社交性（"易亲近"相对"温吞火"）

有的孩子对陌生人接受性强，属于易亲近型，在交际时会表现得落落大方。而有的孩子则需要花时间观察陌生人，才会慢慢接受对方，在社交性上属于温吞火型。

带孩子去参加团体活动时，社交性强的孩子会一马当先地融进人群里面去，很快就跟大家熟络起来；而温吞火型的孩子一看到陌生人，心里就开始紧张，需要一点时间观察与适应。许多时候家长看到不主动社交的孩子，就会催促他赶快加入群体中，甚至想把孩子强推进去。而这些孩子通常越是被推搡，就对大人粘得越紧，躲在父母的身后抓住衣襟不放，这样的孩子是属于典型的温吞火型。

我自己也是属于需要先观察，看看陌生人是否和善，才敢慢慢加入的温吞火型。

通常爸妈较喜欢社交性强的孩子。但是，易亲近陌生人的孩子也有很令人紧张的时候。例如，带孩子去游乐场，可能一转身就不见孩子的踪影，因为他跟谁都好，也就很容易走丢。家长们要谨记，独特天性是与生俱来的，天生我材必有用，没有什么是绝对好或绝对坏的形态。

六、适应力（"强"相对"弱"）

适应力指的是对环境改变的适应能力。有些人的适应力很强，有些人则会较弱。适应力强的孩子若带他外出度假，一般不会有晚上睡觉"认床"哭闹的问题。适应力弱的小孩对周遭环境的变化比较敏感，经常会因为环境的改变而产生紧张与不安全感，外出度假很可能会整夜哭闹，无法安眠。基本上家长们都会比较喜欢适应力强的孩子。

但是，并不是适应力强就能够占有绝对优势。比如说，护士上晚班时需要从半夜工作到天亮，对于适应力强的护士来说，也许没有什么影响，说不定还喜欢晚上的寂静。但是根据对长期上晚班的人所做的调查，长年累月地晨昏颠倒，对身体和大脑会有不好的影响，会使人加速衰老，会使人的生理年龄比一般人大好几岁。所以，适应力强并非全部都是好的。

七、坚持力（"高"相对"低"）

坚持力是指当遇到困难或障碍时，能否有坚持到底的意志力。

有的人一旦遇到困难会坚持对抗；有些人却会选择退缩与放弃。一般而言，家长会认为孩子具有较高的坚持力比较好，因为希望孩子能在"对的事"上有所坚持。问题是如果是孩子在"错的事"上坚持，那又该怎么办？事实上，希望你已经了解到，独特天性并没有绝对的好坏之分。许多时候要视情况而论，过高的坚持力到最后会变得太顽固、难变通，过低的坚持力又会导致容易放弃的心态。

八、注意力（"高"相对"低"）

注意力是指环境干扰对人所产生的影响，也就是说，来自周遭环境的噪音、亮光或活动等搅扰对一个人的影响程度。注意力高的人基本上较不易受外界的影响，注意力低的人，只要外面有一点风吹草动，就会被打扰。注意力犹如一道门槛，读者若还记得，旧时代四合院老房子的大门下，都会有一道门槛，其作用就是防止门外的树叶或是垃圾和水渍进来。注意力高的人，就是门槛高，可以抵挡得了外界的许多干扰。注意力低的人，就是表示门槛低，只要稍有一点亮光和声音，就会受到干扰。

大部分家长都理所当然地认为注意力越高越好，因为学习专注，才能学得好。然而事实上，自闭症患者注意力最高，完全不被周边的人和事物影响，全然投入自己喜欢的事情，所以，注意力太高不一定就是一件好事。

我是属于注意力特别低的人，也就是说我的门槛很低，可以说几乎到没有门槛的程度。因此当我在做一些需要专注的事情时，我的旁边就一定不能有一丁点儿响声或是活动，不然我就会不胜其扰而无法思考。所以我的孩子们从小就最喜欢妈妈备课的时间，因为那时候，我会允许他们免去或减少每天的钢琴练习时间。因为当他们一弹琴，我的思绪就会被牵引过去，完全无法专注下来。这种特质是天生的，很难改变。还好我有相当高的坚持力，可以弥补对抗环境干扰方面的不足。

与我不一样的是，我先生是注意力特别高的人，有在各种喧闹的环境中专心做自己的事情的定力。无论孩子们怎样在他面前吵闹，都不会影响正在做事情的他。孩子们小时候放学回家，我会让他们围坐在厨房餐桌上做功课，这样我既可以看他们做功课，也能够在厨房安静地预备晚餐。可是，当我先生一回到家，情况就改变了。他会不加考虑地任意而为。首先他会打开电视看新闻，一会儿开冰箱拿汽水，一会又把喝光的饮料杯子放在餐桌上，然后就在厨房餐厅和客厅之间走过来又晃过去。我就会跟他说："拜托你，不要在这里晃来晃去，吵着孩子们做功课。"先生倒是振振有词地反驳说："他们做他们的功课，我看我的电视，关他们什么事？这样还可以训练他们专注自己的事情，学会专心一点！"我的天啊，专心哪是这样训练的？

注意力是天生的，并没有那么容易说训练就可以训练，说改就一定可以改的。父母常常会以自我为本位，期待子女也跟自己一模一样。当自己不怕被干扰时，就以为别人也不怕被干扰。我的孩子当中有像我一样的，必须少干扰才能专注做事，而当他学习时，若他父亲在一旁不停地走动，这对他来说就是一个很大的干扰。

九、情绪（"平稳"相对"情绪化"）

这是指一个人在日常生活所表现出来的脾气、性格倾向和行为反应。有些人的情绪总是四平八稳，没有太大的起伏，别人也不太容易惹起他的情绪变化，总是一副怡然自得的表情。这样的孩子情绪平稳，微微地笑，也不会大哭大闹。另一种性格的孩子就不同，极易产生情绪波动，不管是欢笑、伤心或生气，各种情绪都很强烈和丰富。他们笑的时候会心花怒放，哭的时候会伤心欲绝，当然他们一旦生气起来，也是惊天动地的。我也算是个情绪化的人，看电影看到伤心的时候会被剧情感动得一把鼻涕一把泪。

一般人可能会认为情绪平稳的性格比较好，而且这样的孩子容易抚养，孩子不会太过伤心，也不会太过喧闹。可是想想看，这个世界其实很需要情感丰富的人，很多美好的事物，如艺术、音乐、诗词、戏剧、文学，都是在情绪的高低潮中有感而发，创作出来。更何况情绪化的人看到性格平稳的人对事物的冷淡反应，可能会认为对方缺乏热情，不如自己生活得多彩多姿。正确的方式是，不要彼此批评论断，不同性格的人各有上天创造的美意，也有不同的乐趣与精彩，没必要争论谁好谁不好。

亲子天性比较

了解了自己与生俱来的几种特质后，父母们可以将自己的特性与子女做比较，看看亲子之间有多少相似及不同的地方。同样的比较也适用于夫妻之间。一般来说，若彼此之间有许多的不同，就会觉得难以了解对方，因而常常纳闷："她为什么有这样的行为反应？他为什么是这个样子？"此时父母就需要更多地了解和接纳子女与自己的差异性。

需要不断地提醒自己，每个人的天性没有绝对的好坏之分，不应一味地要求孩子做与天性相矛盾的事情。而是需要理解、接纳孩子特别的地方，然后根据孩子的特别之处，再作相应的修正和教导。比如，对于一个内向的孩子，不应总想着把他训练成相识满天下的"社交花蝴蝶"，而是只要这孩子能有几位相识的好朋友，敢与陌生人对话，就很好了。

一、越相似，基本上越了解

若两人有越多相似的天性，基本上就越容易了解彼此行为背后的原因。但是，了解并不代表一定会接纳。有一种状况是如果父子两人都很情绪化，最后问题闹僵时，则会变成"王见王，硬碰硬"的状况，谁也不让谁，关系也就不会融洽。另一种状况是当家长不喜欢自己的某项特性，而子女却正好继承了与自己一样的特点时，家长就想要努力地改变子女，最后导致亲子之间关系紧张。例如有父母不喜欢孩子跟自己一样属于社交温吞火型，所以当看到孩子在社交场合出现退缩时就很不开心，总想要把子女改造成隔壁家易亲近型孩子的样子，结果发展成亲子之间的拉锯战。

二、接纳自己，就较能接纳孩子

基本上，如果父母能够接纳自己天生的性格，也就比较容易接纳孩子的天生特质；而一个不能接纳自己天性的家长，也就不会接纳自己孩子的特性。父母需要更加客观地认识自己，了解自己为什么不喜欢自己的某些特质。难道这些特质真的没有好的一面，还是因为自我成长过程中有过不被接纳的经历，导致今天对自己仍不接纳？家长们需要好好学习第2章中所强调的——独特天性没有绝对好坏，上天所造的都是好的！

每个人所具有的不同特性都是从上天那里领受的恩赐，每个孩子都是上天赐予的美妙礼物，都是让人敬畏的生命，都应该欢喜地去领受。

三种类型的孩子

这些与生俱来的独特天性，教育心理专家用统计学原理加以归纳，最终得出结论，将70%的孩童分成三种类型（其他30%的孩童则属于合并类型）：

第一种是"人见人爱"型，这是每个父母都想要得到的理想孩子。这样的孩子容易适应环境，与人相处愉快，适应性强，睡眠、饮食都有规律，愿意接受规则，容易教养。无论是家长、老师和同学，都喜欢他，这是"人见人爱"型的孩子。

第二种是"温吞火"型，这类型的孩子对于新的环境有负面反应，适应力较差，睡眠、饮食尚可，遇到困难或生气时会产生退缩情绪。这种性格的孩子，对人和事反应虽不是很正面，但也都不会有太强烈的负面反应，所以叫做"温吞火"型。养育这样的孩子，做家长的要面临的挑战会比"人见人爱"型的孩子要大一些。

第三种是"难缠"型，这种性格的孩子对人和事的反应基本上是偏向负面的，睡眠和饮食较不规律，有强烈的情绪起伏表现。这样的孩子小时候经常以哭泣、暴力或大发脾气来发泄情绪。要养育此类型的孩子，需要耐心又有见识的好父母。

"难缠"型孩子的总数大概是"人见人爱"型的3倍。而且，假如家中有3个孩子，就一定会有一个"难缠"型的。男孩出现"难缠"型性格的概率比女孩要高。另外，若父母都是"难缠"型性格，生下来的孩子有较高比率是"难缠"型。研究还发现"难缠"型的孩子有74%在青春期会严重叛逆，而"人见人爱"型的孩子只有3%的概率会严重叛逆。

"人见人爱"型的孩子绝大部分是成绩A和B的学生，自信心也比另外两种类型的强。其实这也不难想象，"人见人爱"型性格的孩子从小被称赞及笑脸对待，当然自信心就会高。若是你很幸运地有"人见人爱"型的孩子，可不要以为全是自己的功劳，因为基本上"人见人爱"型的孩子任谁都可以将他养育得好。

当家长们读到这里时，也不要为家中的"难缠"型孩子感到大失所望，因为统计显示，"难缠"型的孩子到了20来岁以后，就会恢复正常，并且与大家和睦相处。更何况，家长会因为"难缠"的子女更加知道要谦卑学习以当称职的父母，视野因此也更宽阔。

学习欣赏孩子

我经常到各地讲课，大家喜欢提的问题是，如何提高孩子的自信心。其实孩子的自信心是从小与父母之间互动开始一点一滴地累积起来的。小宝如何知道自己会不会、能不能成才呢？他是从父母的眼睛里看见了自己。父母若是经常以欣赏的眼光看待小宝，那么他肯定会觉得自己很不错；相反，要是父母总是觉得小宝贝这不行那不好，那么他也不会觉得自己能好到哪里去了。父母在孩子自信心的建立上扮演着非常重要的角色。学会欣赏孩子的独特性，孩子也就会欣赏自己。

除了接纳孩子的独特性以外，家长还要睁大眼睛，时刻关注并观察孩子的特性，让子女从小就知道，父母是如何欣赏他的。首先你可以告诉孩子名字的缘由。许多现代父母为孩子命名，真是大费周章，不只参考许多相关的书籍，还要与姓氏相配，既要好听又要有意义。所以要让孩子知道，父母在他尚未出生之前，就已经对他有美好的期待。还要观察孩子与生俱来的才能与特质，并告诉他们。我经常会告诉我家的3个孩子，罗列他们各自的优点。例如：我家的老大性情温和，脾气好；老二从小就很幽默，又很有创意；老三善解人意，体贴善良。

一、开辟专属的园地

当孩子还小的时候，就可以在家准备一个属于孩子自己的空间，让他可以在其中玩耍。也可以邮购儿童益智杂志，并且把书籍直接寄到孩子的名下，使他感觉到自己的独特。我曾遇到一位家长用心地记录孩子的成长过程，把从孩子出生到长大的照片和纪念物品，用一剪贴簿记录剪贴成美好的回忆册，还加上评语与注解、花边装饰，真是图文并茂，精彩纷呈。这样的记录，使孩子感觉到父母的重视，也自然增加其自信心。

二、负面转正面

有一些家长被精力旺盛的孩子搞得团团转，因而忘记要停下手头上的事情来欣赏子女的特别之处。这里要提醒父母们一件重要的事情，那就是：假如连父母都无法找到自己孩子的可称道之处，那子女还能指望自己像谁呢？父母要以身作则，除了接纳孩子与生俱来的特性，更要张大眼睛发掘子女的正面特质。当发掘到子女特有的才能及天赋时，要讲出来让子女知道。更重要的是，要独具慧眼地将孩子看起来像是负面的特质慢慢转变成正面的。

1. 爱哭有什么好？

曾有家长跟我说，他的儿子独特之处就是爱哭，男儿有泪不轻弹，哪还有什么正面可言？就算孩子真的有这种情况，我们仍要尝试把这看起来负面的特质转换成正面。想想看，一个爱哭的孩子会有什么潜在的优点呢？他可能是一个敏感的孩子，而敏感的孩子难道都不好吗？情绪敏感的人，对身边人和事也会较敏感，所以他将会是较有同情心的人。

除了同情心，我们还可以想到更多其他的优点，譬如：有爱心，情感丰富。父母不应死钻牛角尖的将"哭泣"标签为负面特征。事实上男孩也有情感，当父母经常否定他们的感受，男孩学到的就是压抑情绪。然而压抑的情绪是不会自动消失的，反而会因为无处纾解，只好以怒气和暴力的方式发泄出来。

2. 捣蛋有什么好？

也有家长很无奈地说："我的孩子从早到晚，总是一刻不停地捣蛋与造反，他一天下来最可爱的时候，就是睡着的时候。"这里仍要再次提醒家长，要学习睁大眼睛观察，不要一味地只看到负面表象。捣蛋有什么正面之处？其实会捣蛋的孩子通常都是很聪明的。父母要学习引导孩子善用聪明，帮助孩子将聪明用在正确的事情上。我的儿子若照一般标准，可能也会被列为小捣蛋，但是我却觉得他很幽默，也很有创意，常常在家里制造笑料，逗大家开心。正是因为他很聪明，所以才会变出各式各样的花招来。

3. 祝福的话

"一句话说得很合宜，就如金苹果落在银网里"那样美好。家长经常对子女说祝福的话，可以减少父母子女之间许多不必要的对立。常常会听到家长骂孩子"真笨"，而事实上，孩子的成长本来就有快有慢。父母越是专注在孩子不会做的事情上，就越会把这缺点无限放大。父母应该学会放松地说："没关系，等你找到诀窍就会进步的。"这样不但不会增加孩子的焦虑，反而会让孩子获得鼓励。

可能有的孩子脾气比较暴躁，父母可以提醒孩子说："其实你是可以学习控制自己脾气的。"如此可把负面因素转变成正面因素。懂得欣赏孩子并常说祝福的话，是父母的一个很重要的日常任务，孩子会因此变得更自信、更自尊。

引导孩子的志向

了解孩子的独特兴趣后，父母可以提供孩子发展兴趣的机会并加以促成。可以询问孩子有什么梦想和抱负，以了解孩子的想法，并谨慎地引导他。孩子的兴趣及梦想，可能会随着年龄的增长而改变，父母不用过度担心孩子的志向不如所愿。

有位家长曾对我讲："我孩子居然说他长大后想开垃圾车，开垃圾车有什么好？我就骂了他一顿。"事实上，当小孩说想开垃圾车，家长就骂他真是"笨死啦，没出息"以后，他就不愿告诉你他的志向了。家长需要先了解志向背后的原委与因由。正确的做法是，鼓励孩子解释缘由，可以问他"为什么这样想"。当孩子告诉你缘由时，不要显得很紧张，因为你的第一反应很重要，要按耐住自己的焦虑，才能更了解孩子的想法。可能孩子对大机械感兴趣，可能孩子觉得操作这么大的车子很神气也很威武。父母了解子女兴趣的原因之后，就会比较容易引导他们的志向。

有一位杰出的领导力和人际关系大师，他的名字叫约翰·麦克斯威尔（John Maxwell），他曾说他的成功要归功于他的父亲。因为在他小时候，他的父亲就发现他有爱讲话的天分，而且越多人听他讲，他讲得越高兴。于是，麦克斯威尔的父亲就经常带着儿子到各处去听名人讲演。讲演结束后，父亲会将孩子带到名人跟前说："我的孩子很仰慕你，你可不可以跟他讲几句话？"若是去听知名牧师演讲，他还会请求牧师为小约翰祝福和祷告。麦克斯威尔常说，正因为是父亲发现自己的特点，提供给他这些机会，才造就了今天的自己。

他的姐姐就与他有不一样的兴趣与志向，他的姐姐是很会照顾别人的人。一般父母可能会想，既然要送一个孩子去听演讲，同样一趟工作，不如两个孩子一起送，岂不很省事。可是这位有智慧的父亲看见女儿并不喜欢讲话，而是喜欢照顾和帮助别人，就带女儿到医院做义工。果然，这位姐姐不但成为一名出色的护士，而且还是带领很多看护团队的护士长。

帮助计划人生目标

在孩子成长过程中，除了注意孩子的独特天性，常说欣赏与鼓励的话，根据孩子的兴趣与志向提供机会，还要帮助孩子制定人生目标。制定人生目标是一件非常重要的事情。人生如果没有目标，就会像随风而飘的浮萍，摇摆不定。有人说东好，就跟着向东走。但是也有人说西好，有人说北好，也有人说南好，于是你就往前走两步，又往后退几步，往左边走几步，又向右边走几步。在左右彷徨、举棋不定当中，往返几次下来，人生已经过去大半。

世界之大，总是有许多的好事，但是若没有适合个人的人生目标，就会变成漫无目的地绕圈子，最终只在原地打转，浪费生命。

一、常春藤名校人生目标调查

美国常春藤名校曾针对大学毕业生做过一个人生目标的长期研究调查。大家知道，常春藤联盟的学校学费都很昂贵，家里要有钱才付得起，还要有社会地位较高的推荐人写的推荐信（最好是名人），当然学生的学习成绩也要优秀，课外活动也需要表现杰出，才会被录取。也就是说，这些名校的学子们各方面的条件都是上选的，必须是家世好又有钱，社会渠道好而且才智出众，才有可能被这些名校录取。

研究者针对某一届即将毕业的学生，进行人生目标的问卷调查。这些问卷所问的问题之一是：你们是名校毕业生，即将成为社会中的佼佼者，成为国之栋梁，你们今后的人生有没有什么特别的目标？令人惊讶的是，绝大多数的年轻人居然都回答："没有什么特定的人生目标"。大部分都很笼统地回答说："反正，是学商的，就去商行工作；是学法律的，就去律师楼工作；是学科学研究的，就去研究机构工作。"只有不到10%的人有明确的人生目标。

20年后，当这些人都已到中年时，再对他们作回访追踪调查，看看这些人生活得如何，有没有达到人生目标。可以想见，在20来岁意气风发青年时就没有人生目标的人，20年后当然也不会有。然而，在之前说有人生目标的不到10%的人中，居然有90%的人已达到了过去所设的人生目标。甚至这些从年轻时就有人生目标的人，他们的生活快乐指数也比没有人生目标的要高得多。也就是说他们的家庭、婚姻、亲子生活都较美满，甚至在年薪收入上也比原先期待的目标还要高得多。

这项长期研究对家长们来说是一个很好的提醒：尽管过去自己不知道人生目标的重要性，但是如今我们懂得了它的重要性，就要尽力地帮助子女建立明确的人生目标，才能向着目标前进。

二、正确的人生价值观

协助子女建立人生目标时，做家长的要谨慎引导，以确保建立正确的价值观。假若孩子告诉你，他的人生目标是想要一套毗邻沙滩的大房子，你觉得好不好？大部分家长的第一反应可能会是觉得高级海边度假大屋当然很不错。可是若你的子女有了沙滩屋，却只顾自己独自享受，而不让父母去享受，父母还会觉得这是一个好的人生目标吗？

或者子女说："我以后想赚大钱。"家长的第一反应，可能也会觉得，赚大钱当然很不错。但是，父母需要引导孩子，钱本身没有好坏，但是赚钱的"目的与手段"却非常重要。赚钱是为了自己好，还是有更崇高的意义？若是只为自己口袋有钱而不择手段，最终不只自己不会满足，更有可能因为赚钱而害了别人。钱是永远赚不够的，人比人气死人，一山总有一山高，当你有了一栋沙滩度假屋，你可能会发现别人有3栋。所以，追求金钱或物质，都不是好的人生目标，父母一定要特别关注和引导孩子，以建立正确的人生价值观。

三、跳出自私自利的狭隘

好的人生目标，是跳出自私与自我中心的狭隘，能够看见别人的需要，使别人受益。许多成就伟业的名人都是很好的例子，如爱迪生、爱因斯坦、海伦·凯勒，以及一些成功企业家与执行总裁。这些人之所以会获得成功并留下美名，绝非偶然，都是因为有高尚的品格和值得学习的特别之处。这些成功人士，也往往比一般人更加勤奋，更有坚持力。

我曾经在修读心理学课程时，选了一位美国政治人物的传记研读，从书中学到许多的人生道理，也对政治人物的看法有了很大的正面的改观。因此，就一直鼓励自己的孩子阅读杰出人物的真实传记，使他们知道品格与勤奋是各行各业及各种境遇中获得成功的重要因素。

有家长问，有些孩子不喜欢看这类励志书籍怎么办？我的办法是让我的孩子阅读真实人物传记之后，写一页简短的读后感（当然还要规定字数），就可换得若干金额的零用钱。当孩子需要零用钱时，这个方法很好用。用意是希望通过阅读，使孩子们从这些人士的实例中得到一些启示与提醒，从而发现每个成功者都是经历了许多努力、失望、坚持、失败、再坚持，最终才获得成功的。

本章教导父母认识孩子的独特天性，将孩子那些看起来负面的特质转化成正面特质，常说欣赏、祝福的话，引导并培养孩子树立正确的人生目标，培养孩子拥有正确的人生价值观。只有在家长的悉心栽培下，孩子才会健康顺利地成长，激发自身的潜能，成为独特和杰出的人才。

开启孩子的潜能

假如你能够抱着"行行出状元"的心态

来教养孩子，

不局限孩子的发展，

那么你的孩子是有福气的！

这一章我们要帮助父母们认识，天才其实有许多种，而且每个孩子都有其特别的学习和思考方式，可能与父母所想要的不一样。本章还要将教子有方第2招"明确教导"及第3招"优质时间"的教养方式提供给家长们参照。

七种天才类型

心理学家戈纳尔（Howard Gardner）指出人类最少有7种天才类型：语言、数理逻辑、空间、音乐、体能、人际及内省。事实上，目前被大众所了解的天才的种类已经发展到20几种，而以戈纳尔原创的7种天才最为大家所熟悉和接受。

一、语言、数理逻辑

语言与逻辑/数理对华人家长来说是最熟悉不过的，中国的大学入学考试和美国的SAT就是以这两项决胜负，以至于许多家长对子女聪明不聪明的认定仅以这两项为标准。语言天赋包括阅读、理解与书写表达。数理逻辑则包括数学、物理、化学等学科项目。

二、空间

空间的天分指的是对空间的概念。曾经做过智商测验的人可能会知道，有一种空间的测验是这样的：测试者在纸上画一个立体方块的平面图，然后问："假如A在这格，那么折起方块来之后，与A相对的方格是哪一格？"有统计显示，一般来说女性对于空间的概念比男性弱些。我的语言能力尚可，只是在空间概念上来说可说是属"弱智"人士。尽管一个地方我已经去过几次，让我自己去我仍会迷路，分辨东西南北对我来说非常困难。我的这个弱点我先生非常了解，当我们一同开车出去，去一个我曾经去过而他未曾去过的地方时，他会问我方向。如果我很不确定地说出一个方向，他一定会把车朝着反方向开去。因为他说我每次方向都弄错，而且错得还非常的准！

三、音乐

许多家长喜欢让子女学习乐器，认为音乐对孩子的性情陶冶大有帮助，只是有些父母太过投入而忘了起初学习乐器的目的。许多家庭为了孩子能每天保持一定的乐器练习时间，亲子关系变得很紧张。甚至本来有些孩子对某种乐器有兴趣，但被爸妈的过度热心及求好心切的"情绪压迫"都给抹杀掉，最后变得对学习这种乐器厌恶至极，这实在是很可惜的事情。

其实，我们首先需要了解孩子对乐器有没有天分与兴趣，然后再依据孩子的能力对孩子的学习计划做适当的调整。

我曾请教过几位钢琴老师，他们几乎一致认为，孩子有没有音乐天分，很快就可以知道。因为真正有音乐天分又对钢琴有兴趣的孩子，并不需要别人整天催逼他去练琴，倒是要担心他会因为练习太久的钢琴而把身体拖垮了！

我曾见过一名5岁的小男孩，学钢琴才几个月时间就会作曲，对钢琴非常迷恋，让他父母头疼的是如何让他不要整天坐在琴前。我请这名男孩现场即兴演奏，他弹得有模有样，简直是个典型的天才儿童。

这也并不是说，没有音乐天分的孩子就不用学乐器，而是父母要认清孩子学习的兴趣所在。

一位有两个女儿的母亲流着眼泪告诉我，他们家的大女儿学钢琴从小有天分，做妈妈的就带着老大，南征北战参加各种大小比赛，获奖无数。母亲为了全力栽培老大，不停地为孩子拜名师求指导，最后在南加州洛杉矶市中心找到一位响当当的名师。做妈妈的不辞辛苦，每周开几个钟头的车两次送孩子去学琴，孩子没时间做功课，就在汽车上写作业。孩子每天要练习6至8小时的钢琴，周末也不例外。这位妈妈在送女儿上名师指导课时发现，名师对女儿只是很随意地指导一下就离开，并没有那么热心，而对另一名白人孩子就悉心指导。妈妈认为既然大家花一样的钱，就要有同样的待遇，于是在下课后向老师提意见。没想到这名老师也很诚实，直言相告说："你的女儿是靠苦练出来的，另一个孩子是确实有天分。"这位妈妈说到这里，泪流不止。

看着这位伤心的母亲，我心想尽管她的孩子不是最有天分，总也是不错的，为什么会这么伤心呢？没想到母亲继续说："你不知道，为了练琴，我们母女关系已经到了决裂的程度，两个人根本没有办法谈话。"原来做妈妈的时刻都在逼女儿练琴，而女儿又不想练习，母女之间已是势同水火，到了"话不投机半句多"的艰难局面。

这位妈妈说自己是悔不当初，不应该这样逼孩子。父母对孩子的栽培是挖掘天分和协助发展，而不是靠逼迫。若是靠强硬的逼迫，最后可能将孩子原本有的一点天分与兴趣都抹杀掉。只是她从一个极端跳到了另外一个极端，当老二也说想要学琴时，做妈妈的就说再也不管孩子学琴这码子事了。

四、体能

体能就是运动体育的能力，各式体育选手有其独特的天分。顶尖的职业篮球选手，拿到球只有不到半秒钟的时间，要做出最好的决定。也就是说，在最短时间内做出最好的判断：到底是传球助攻呢，还是自己直接快攻投球？若要传球，传给谁胜算最高？若是要自己投球，应该选择哪一条路线？只需半秒，往往就可以分辨出顶尖球员与一般球员。

而我在体能上也属于"残障人士"，有"被球击中"的天分。

因为我越是怕球，越是会被球打中。从小玩躲避球（两群人，一群围成一圈，另一群站在圈中间。圈上的人要将球击中中间的人，中间的人要躲避飞过来的球），我站在中间看着球飞过来就赶紧躲，却往往是跑着跑着仍被球打中，差不多每次都是第一个被打出场的那个人。

因自己没有运动天分，对运动不了解，所以一直以为运动员只不过是头脑简单、四肢发达的人。直到在朋友家中看到他们的孩子不只聪明，学习好，并且在体操上很有天分。听到那孩子的故事，我才明白，原来，运动员要付出很多努力与坚持，才能取得最后的成功。

友人家的小女儿在体操运动上面很有天分，被体操教练看中，说她是奥林匹克的明日之星。这个孩子在读小学四年级时每天放学后要去体育馆练操4个钟头，周六更是要苦练8小时。妈妈心疼孩子，叫她不要练。可是女儿不但有天分，而且很有毅力和兴趣，最后老妈也不得不奉陪，花了很多的时间和精力在这件事情上。

我问这位朋友，如此密集的训练，星期天要休息怎么办呢？这位妈妈说还好，礼拜天教练也要休息，所以不用去体育馆，但是孩子仍要在家中自己拉伸韧带训练3个钟头，否则下次训练时肌肉容易拉伤。

只是明日之星，就需要这么辛勤的练习，除了自身的努力，连家长也要一同做出牺牲。从此我对运动选手刮目相看！

五、人际

有人际关系天分的人深具亲和力，容易亲近陌生人，善于察言观色，并且有好的社交直觉，知道什么时候对什么人应说什么话或做什么事。这样的人是非常好的公共关系及政治方面的人才。基本社交礼节和能力是可以学习的，但是若没有天分，则很难因为学习而成为社交高手。

六、内省

具有内省天分的人经常喜欢思考人生意义，观察人生百态。诗人、哲学家、作家、艺术家等都是属于有内省天分的人。这样的人对人生有独特的观察力，遇见事件发生时喜欢停下来思考，并以有创意的方式记录下自己的见解或感想。笔者喜欢一本由威廉·班耐特（William J. Bennet）编著的《美德书》（*Book of Virtue*），里面有许多寓言故事将人生百态通过丰富的想象力鲜明地记录下来，使读者看完不只回味精彩故事，更会被提醒对待人生所应该有的态度。这就是天分！其中有一个《金线盒的故事》我尤其喜欢，大意如下：

金线盒的故事

有一个男孩很无聊地在森林里面走着的时候，遇到一位老太太，并给了他一个金线盒子。老太太对他说："这个金线盒子非常珍贵，如果你想时间过得快一些，可以把盒子里的金线拉出来一点点，时间就会过得很快。但是要记得，金线只要被拉出来，就不能再缩回到盒子里，所以你要好好地使用它。"

这个男孩答应之后得到了那个金线盒子，他对这个金线盒子爱不释手，甚至第二天带着去上课。当听老师讲课听得有点昏昏欲睡的时候，男孩希望时间能过得快一点，好早点下课。于是就把盒子拿出来，轻轻地拉了一下金线，没想到霎时之间就已经到了可以放学回家的时候了。

啊！这个盒子实在是太好用了，在求学的过程当中，男孩只要想时间过得快一点，就去拉一下盒子里的金线，时间就不知不觉地过去了。当他成长到青少年时期，遇见了一位女孩并且很喜欢她，但是女孩说，要等他俩都毕业以后才能谈婚论嫁。为了早一点迎娶心爱的女孩，他又拉了金线，于是两人都毕业了，他也将这名心爱的女孩娶回了家。

快乐的新婚生活，暂时让这名年轻人忘记拉线，但是两个人很快就有了小孩。当孩子半夜吵闹，要吃奶，换尿布，很是烦心时，他就经常去拉金线，希望孩子快点长大。没想到，孩子们真的转眼就已长成少年。只是，少年总是逆反不爱听话，很令人头疼，于是这个做爸爸的就再拉金线。这下子，一个个子女就都离家上大学去了。同时转眼看看自己的妈妈，怎么就已经年纪老迈，不断生病看医生，很是令人心烦，于是他再拉金线，他的母亲就过世了。

当他再转眼去看自己的妻子，奇怪的是不知道从什么时候开始，她也已白发斑斑。再转身看看自己，没想到自己也已经老态龙钟了。他的一生就这样被"拉掉"了。于是这位老先生步履蹒跚地再次走进森林中。突然间，那位老太太又出现在他面前。老太太问他："你有好好使用那个金线盒吗？"他回答说："我真希望你从来没有给过我这个盒子！"

我很喜欢这个故事，因为它就像我们许多人的人生写照。当我们年纪还小的时候，一心只想快点长大。等到长大后看见别人结婚，自己也赶忙结婚。婚后生了孩子，发现孩子挺会吵闹时，就希望孩子赶快长大。当孩子长大离家后，才惊觉时光飞逝，一去不回头。而我们的一生就在不知不觉中过去了。

人们经常被每天忙碌的生活冲昏了头，以至于忘记好好享受"现在"。父母们，孩子虽然会让生活充满意想不到的挑战，可是我们可以享受子女在身边的乐趣。孩子转眼就长大了，你可有享受"当下"？假如没有，那么也会像这则故事中的主角一般，浑浑噩噩地过完了一生。

这么一个深入浅出的故事，不是一般人能写得出来的，而是要有内省天分的人才能够写出来。

希望父母们能了解到原来天才有这么多种，并不是一定要读好书上好学校才能成为有用的人。假若父母对子女的教养能有"行行出状元"的心态，发现孩子的独特之处，并且悉心栽培他，不局限孩子的发展，那你的孩子是有福气的！

不同的学习方式

一、有次序 vs 随意

不只每个人在天分上各有不同，连思考方式也各不相同。有的人的思考模式属于有次序的，也就是A到B到C到D这样循序渐进。而有些人的思考方式却是非常随意跳动式的，如A到M到H到Y乱跳。这两种方式并没有绝对的好坏之分。

孩子在学校接受的教育，多半要求按部就班，按次序而行。天生思考方式是有次序的孩子就较容易跟随，可能课业也会较好。若是思考方式是属于随意跳动式的孩子，则较不喜欢受限制于条条框框的束缚，要遵行规则就会较有挑战。然而也不能说哪一种就一定较聪明，因为社会对这两种形式的人都很需要。

有次序的逻辑思考很重要，否则架桥铺路就没有人设计；电脑软件也没有人去开发。只是我们既需要像工程师一样讲求次序的人，也需要有新奇创意者不按常理出牌，才会有创新的发明。这两种人都要存在，不是某一种人才特别的好。

若父母的思考模式是属于有次序的，则可能会很难接受子女东一下西一下杂乱无章的思绪，其实有些人可真正是"乱中有序"的。美国有一位多产作家辛西亚·汤白斯（Cynthia Tobias），她在所著的《成功学习百分百：发现孩子的学习模式》里面说到她自己就是属于随意思考方式的人。当她开始写作时，常常喜欢把有关的资料撒满地上，自己就坐在这些资料的中间，开始漫无天际地思考要写的内容。而她的先生却是一个很讲究次序的人。当她的先生进来看见这样的乱象就对她说："亲爱的，你要整理一下，这么乱怎么思考？我看你需要一张更大桌子，我来为你准备一张；还有你需要把资料整理摆放整齐，这样吧，我就帮你将所有的数据资料都建立档案并且按照字母顺序排列在你的眼前，使你一目了然。这样你就不需要坐在地上，从此可以专心写作了。"她的先生说到做到，果然为她整理好资料，换了大桌子。只是，辛西亚坐在新桌子前面，面对整齐的资料，却一个字也写不出来。原来她是一个跳跃式思维的人，她需要眼前不规则的东西去刺激她的思考。

所以，每一个人因为各自有不同的思考方式，不一定非要都用某种特定的方式。家长们若能更多地认识了解子女的思考方式，就不会一味要求孩子一定要怎样，重要的是孩子能学到东西。

二、具体 vs 抽象

有些人需要有具体的体验才容易了解相关事物，这样的人会喜欢感官上如视、听、嗅、味、触觉的刺激，以帮助学习。而另一些人的理解方式是属于抽象式的，这样的人单纯靠想象力就可以理解相关事物。

我是属于需要具体体验才比较容易了解事物的人，所以认为体验很重要。当我闻到东西发出了臭味，就会叫孩子也来闻一闻，以亲身体验一下不同的臭味。吃到辛辣的东西，我总想要孩子也试吃一下，以确定辣的不同程度。而我的孩子们则不像我，他们做什么事，不一定都想要亲身体验一下，所以都谢绝我的邀请。他们的理解方式属于抽象式，对他们来说，并没有必要把东西放在鼻子下闻一闻才确定是臭的，不用吃就可以想起辣的滋味,这是抽象的理解力。

然而一般来说,成人的抽象思考能力比孩子的强,所以有家长经常会受不了子女什么事都要亲身体验一下的举动。若是孩子需要具体感官来辅助理解事情,这孩子在小时候较容易惹麻烦上身。因为当父母给具体体验型孩子不具体的警告时,他们会很想一探究竟。例如,家长对孩子发出警告说:"你给我小心一点,你若超过这条线,就会给你'好看'!"而因为爸妈的告诫不明确,这个具体体验型孩子就会很想知道什么是"好看",于是就会越线一点,看看最后会发生什么事。

当你的孩子事必躬亲,凡事都要亲自尝试一下时,你可能会有强烈反映,并认为孩子故意不听管教。其实这孩子只是理解方式比较具体而已。

当两种思维方式与两种理解方式互相混合后,又会产生四种学习的密码:次序具体、次序抽象、随意具体、随意抽象。每一种方式都有其独特之处,读者若想要更多了解,可以读一读辛西亚·汤白斯的书。

三、视觉、听觉、触觉/动作

许多时候父母不了解子女独特的学习方式,可能会强迫孩子一定要按照自己的方式来学习,这样做必然效果不好。

另外,学习的方式,从感官上讲,主要分成三种:视觉、听觉、触觉及动作。首先是"视觉学习",就是要看着事物学习。绝大部分的人是用眼睛学习,故此图片或笔记都可以促进学习。课堂上,老师讲课时,除了说话之外,老师的肢体语言以及投影片都是视觉辅助。当人的眼睛有专注的目标时，也较不容易分神。

　　老师在黑板上写字，学生经过视觉反应，写下笔记，可以帮助大脑记忆。我授课时所给的讲义会刻意留出一些空格，为的是让学员在填写时能够加深记忆，以加强视觉学习。这些课堂上所用的投影、肢体语言、填空作业，都是为了增加视觉学习效果的。

　　然而也有少数的人，只需要专心听讲就可以学得很好。在美国大学有些共同科目是在大教室里讲授的，几百人同时听课。大部分的人都在奋笔疾书地努力做笔记，但是你会发觉有少数几个人没有那么认真做笔记，只坐在那里听，但考试成绩也不错。这些人就是属于靠着声音学习的，也就是说这样的人只要认真听，就可以学得很好。

　　还有少数的人则需要有触觉及动作的辅助，才能学得好，这大概占1%的人口比例。想想过去求学的过程中，你有没有发现过有人背英文单词或课文的时候，需要站起来走动着背诵的呢？这样的人是需要动作来辅助学习的人，他们在孩子当中有比较高的比例。如果你的孩子是这样的情况，你就需要跟老师商量，允许你的孩子在不影响他人上课的情况之下稍做一些动作以辅助学习。

　　如果你的孩子在背诵时需要站起来走动，而你却因为对此不了解就遏制孩子，其实是降低了孩子的学习效率。我家老三小时候，需要背记美国各大城市名录时，她就去楼梯上，每当背一个州，就往上上一个台阶，上到顶再转下来，她就是用这种方式来辅助她学习的。

1. 字写得不好看，不等于不成才

曾经有一个家长告诉我，他看到自己孩子的作业本上字写得不好看，就把孩子的作业本撕破，要孩子重写。事实上我认为这种做法太过极端。当他把孩子的作业本撕破的时候，对孩子的自信及情绪产生了很大的伤害。较好的方式是适当的提醒，若实在是不听，也要衡量管教的优先次序与轻重，并不需要将作业本撕破。想想看，字写不好看，不见得就不成才。医生写的处方笺，我们不是都看不懂吗？所以我们应想想，父母的要求不见得都是合理的，还是尊重孩子为好。

我的小女儿属于难缠型的孩子，从小我就很难搞定她。在她上小学一二年级的时候，我发现她写的字都黏在一起，很难看得懂。纠正了她几次，她不但不听，还振振有词地反驳说，老师都看得懂。后来问了老师，老师也说没事，小学生的字都是这样。我想也对，老师改作业都没话说，我还管那么多做什么，于是也就不再提这事。

没想到三年级时有一天她哭丧着脸回家，手上拿着写得密密麻麻、字都黏在一起的作业说："我辛辛苦苦写了这么多的答案在上面，老师说她看不懂，要我重写！"那天，我的小女儿可听话了，我怎么说她怎么做，从此她的字就写得工整漂亮，也容易看懂了。

2. 给孩子学习的自由空间

一位高中生，一边在电脑前做作业，一边与7个朋友在网上聊天，耳朵里还塞着耳机听音乐，并且左脚转动着一只足球，右脚踢着一只篮球。眼在看，手在动，耳在听，两只脚还不停地踢过来踢过去，同时还在聊着天。她妈妈看在眼里，觉得这种做法实在令人不敢恭维，就上前进行干预。但儿子却对母亲说："妈，我的学习成绩你是否还满意？如果满意，我怎样学习你就不要管，给我一点学习的自由空间。"妈妈无话可说，毕竟孩子的成绩是不错的。

了解以上不同的学习方式之后，做父母的首先要观察出孩子的思考、理解与学习的不同方式，并对孩子行为背后的原因有所了解，才不会一味盲目地强求孩子一定要与自己的想法一样。并且针对子女独特的学习方式，提供相关的辅助与自由空间，才是最好的帮助子女学习的方法。

教子有方第2招：明确教导

父母经常抱怨子女屡教不会，许多事都需要一教再教，结果还是徒劳无功。其实父母可以从明确教导这个方法来检视应该如何改进自己的教导方式。

在管教孩子的时候，不少父母经常没有给孩子清楚详细的指导，倒是骂孩子的时候说得比较清楚。比如父母要孩子去收拾房间，等到检查时，就会说："怎么书还是乱放，袜子还在这里，笔在地上，床单也没理好？"我以前也曾这样说过我的子女，孩子们就会向我抗议说："妈，为什么我收好的你都没有看到，我没有收好的你就都看到了？"这是做父母的通病，孩子做不好的就想指出来，做好的总认为是理所当然。

家长在告诉子女做某件事情之前，并没有讲清楚你的期待到底是什么。究竟你想要听到什么，想要看到什么，当没有交代清楚时，实在没有理由要求子女达到我们的理想目标。

一、明确教导的7个步骤：

1. 按照年龄成熟度教导

按照孩子的年龄成熟度，将你的要求说清楚。教导4岁孩子所用的语言及对事情的期待，与教导8岁孩子的期待和语言是完全不一样的。父母必须考虑到子女的成熟度，按照他们的成熟度来教。孩子越小，就越要将要求讲得清楚、仔细、简单。

2. 描述你想看到及听到的事

按部就班，一步步，分成3至5个简单步骤，清楚地描述你希望事情如何完成。

我们家要求孩子饭前要洗手，只是刚开始我并没有清晰明确地给孩子提要求。用餐前我会叫孩子们先去洗手，儿子跑去洗手，但是很快就又跑回来。我就问他："你到底有没有洗手？"儿子说："洗了。"我有点怀疑，就又继续问："那你有用肥皂洗吗？"孩子赶快将手拿出来证明说："有，你看，肥皂还在手上。"此后我才了解我说的"干净"与孩子的"干净"标准是不一样的，孩子认为碰到水了手就干净了。孩子的行为没有达到我的标准，是因为我根本没有明确教导他们，没有明确将手洗干净的真正要求。

有一次，我家邀请一位护士朋友及其家人来家里吃饭，发现她的孩子把手洗得很干净。于是我请朋友的孩子做示范教我们怎么洗手，原来洗手也有步骤的：首先将肥皂放在沾过水的手心擦蹭，然后双掌合起来搓，左右手交叉搓，还把每根手指缝都搓了一个遍。所以，清晰明确的教导和清楚的描述非常重要。

3. 给理由

教导子女时，要告诉他们事情背后的理由。因为当我们解释理由时，也就将价值观传递给了他们。有些家长不喜欢孩子问为什么，若孩子问起做事的原因，通常都会被家长轰回去，还会回答："因为我是父母，我说的就是对的，你只管去做。"孩子心中的疑问得不到解答，无法对父母的要求产生认同感。家长应该花时间耐心地对孩子讲明原因和理由，不论是饭前洗手、收拾房间还是任何你要他做的事，都可以给子女解释理由，让他们明白原因。当孩子明白事件背后的理由时，不只家长的价值观及对事件的看法传递给了孩子，也让子女获得了思考与认同的机会。

4. 确定孩子了解

要求孩子复述步骤，看看他是否记住每个步骤和环节。假若几次下来孩子还是记不住，有可能是步骤过于复杂，就需要简化步骤以配合孩子的成熟度。

5. 示范练习

最好父母能示范给孩子看，并让孩子也示范练习一次，以确定你说的和他听到的是同一件事。

6. 注意孩子"做对"的事

父母在教导子女时常犯的错误就是，当看到子女"做对"的事时，都认为理所当然，而将注意力放在"做错"的地方上。结果孩子做对的事，因为没有被鼓励强化，下次反而会做错。因此家长应将注意力更多地放在做对的事情上面。

就像我女儿说的："妈妈，你只是看到我没有收起来的玩具，我收起来的你都没有看到。"没错，如果我们只是关注孩子做错的地方，而忽略了做对的地方，那么有可能她以后连对的地方都会做错，所以我们要把注意力转换过来。"今天妈妈注意到我把所有的抽屉都关起来了。爸爸注意到我把椅子和书本放回原处了。"孩子有了好的感受，下次参与的意愿就会增加。

7. 时常提醒

家长们千万不要以为一旦孩子学会了某件事情，以后就可以一劳永逸，高枕无忧了。绝对没有那么简单！统计显示，一个很有学习动机的成熟人，想要养成一个习惯，平均都需要21天的时间。不成熟又有惰性的孩子，更是需要不断被提醒才有可能学好。

学习需要时间，无法一蹴而就。假若真的是如此简单，那么亲子教育课程只需一个小时就能讲完，大家听完就都成教育专家了。我们需要被不断地提醒，因为我们常常会忘记。孩子要养成洗手、收玩具、收拾房间的好习惯，需要家长不断地提醒，以帮助孩子慢慢养成习惯。千万不要以为一次就行。

有人问那到底要提醒到什么时候？有可能孩子在家的时间，都有需要你提醒的事情。这就是为什么孩子要在家中待18年，因为他们需要父母不辞辛劳地教导和提醒，才能真正长大、成熟地独当一面。

所以家长若没有清晰明确的教导，却想要孩子懂得如何去做，就如同缘木求鱼，是不可能的事情。

教子有方第3招：优质时间

当亲子之间的关系良好时，孩子较愿意顺从父母；当亲子之间关系紧张时，就算父母用意再好，孩子不听话的概率也会相对升高，甚至孩子会为反对而反对，尚未听完家长所要说的话就先说"不"。想要增进亲子关系，一定要花时间与子女相处，并且要花优质时间与子女相处。

一、爱要给他时间

爱孩子就要给他时间。现代人都很忙，常常会说找不到时间，而且许多家长认为工作忙碌还是为了家庭。但这里要提醒家长的是，你真的确定你是在为你的家庭而忙碌吗？想想若是你的配偶对你说："我很爱你，可是我无法将全部时间给你。"你会相信吗？当然不信，因为爱需要时间。若是你忙到没有时间给家人，那你真的是已经太忙，需要重新安排工作与家庭的优先次序了。

我的儿子是一个很喜欢说话的孩子，每次他放学回家一定会跟我报告一些学校里发生的事情。有次他下课回家，看见我正关着书房门忙着备课。儿子仍推开半扇门，把小脑袋伸进来问："妈妈，你有空吗？"其实他明明知道我正在忙着，才会关着房间门。可是我实在也很难对着这么一个可爱的脸庞说不，只好说："好，进来。"

于是他就坐在我的斜对面，开始说起学校里今天发生大小事情的每一个细节。他从第一堂课开始细数，什么人被老师处罚了，第二堂课又发生什么事情，课间休息时间谁跟谁打球，谁受伤了。当我听着他没完没了地一直讲下去时，我的眼睛就开始偷偷地回到我的电脑上面。他看到了就问："妈妈，你还在听我讲话吗？"

我赶紧说："我在听在听，你继续讲，继续讲。"他才讲了两句，我就又失去耐心，眼睛不时地往我的电脑看过去。于是他就说："喔，妈妈，你很忙，没关系。"便走出去。

请问孩子走出去的时候在想什么？他会想："我的妈妈很爱我，只是她工作忙，现在没有时间听我讲话。"肯定不是。他想的是："我妈妈觉得她的工作比我学校里发生的事情重要。她的课教得好不好比我今天过得如何更重要。"幡然醒悟后，我赶紧跑出房间向儿子说对不起，问他能不能从头再讲一次，再给我一次机会，这次我一定专心地听。爱一个人要给他时间，而最好的是"一对一"的优质时间。

爱孩子，就要特意抽出时间来，专注地与孩子建立良好的亲密关系。有一句话说，"有关系就没关系，没关系就有关系。"这句话用在亲子关系上是非常恰当的。意思是说，当你和你的孩子有很好的关系时，两个人若发生点小摩擦，是没有关系的；但是如果你和你的孩子之间没有良好的关系，孩子整天看不见你的人影，或是你经常人在心不在，那么你们之间只要发生一点不愉快，就会演变成大问题，于是就大有关系。所以要尽量安排出固定时间，与孩子建立良好的亲密关系。

二、共度优质时间

1. "一对一"专注时间

这段时间是"一位"家长专注在"一位"子女身上的时间。"一对二",一个家长对两个孩子,或"二对一",父母俩对一个孩子,都不好。因为前者,父母会分心;后者,孩子需要同时应付两人,压力也会较大。父母可轮流与同一位孩子共度优质时间。若有两个以上的孩子,应事先与另一个子女沟通并安排好活动,这样才不会造成干扰。一对一是家长与孩子的单独时间。

2. 一天15分钟

每天有15分钟的优质时间在一起,并且最好是固定的时段,这样彼此有期待也较不会忘记。要是孩子还小,那么帮他洗澡、接送他上下学、睡觉前的陪伴等时间段,都是优质时间。

3. "三不"政策

特别需要注意的是,不要让这段时间变成训话时间,不然下次孩子就不敢再与你来共度什么优质时间。这是一个更加了解你的孩子的机会,所以有三个提醒:不质问,不批评,不指挥。

假设当你与孩子一起时,孩子对你说:"妈妈,今天老师向我提问题,我不会回答,结果全班都在笑我。"通常家长听到这里都会紧张地问:"老师问了什么问题?为什么你不会?老师怎么不问别人偏偏问你？是不是你没有专心听课？你是不是在讲话，老师才问你？你看，我就知道你这孩子一定是……"面对父母连珠炮似的质问，孩子下次肯定不敢再跟你共度什么"优质时间"了。优质时间应是轻松、愉快的时间，不是质问、指责和说教的时间。

人与人沟通有三种方式。首先是权威式沟通，就像是上司对下属，或是某些父母对儿女权威命令式的沟通。还有一种是朋友式的沟通，是互相尊重的沟通。"老李！你好啊！""老陈！你也好啊！"朋友式沟通是尊重彼此的不同的想法与做法的沟通。再有一种就是轻松式沟通，大家像小孩子一样轻松愉快地玩在一起。优质时间要的是最后这种轻松关系和氛围的沟通。不要滥用这个时间，否则下次再想跟孩子有"优质时间"，他就会溜之大吉。

4. 积极倾听

倾听孩子说话时，要全神贯注并且有好的肢体语言，如眼睛温柔地注视，面带微笑等。当孩子说了一些我们很想讲的话题时，一定要守住"三不"政策。若不知道如何回答，可以复述子女所讲的话，这是鼓励他继续讲下去的有效方法。

就像前面提到的孩子被老师提问不会回答的例子。父母若是一时之间不会作答，可以重复孩子的话："啊！老师在课堂上问你问题，你不会回答，全班都在笑你喔。"这样的重复，使孩子知道你有在专注聆听。当孩子感觉你在聆听时，就会继续说下去："对啊！都是因为坐在我旁边的阿强，他一直跟我说话，害得我被老师提问。"

若是父母耐心地听下去，孩子就会继续讲："阿强很可怜，没有人愿意跟他同桌，是我自己跟老师说要跟他同桌的。"原来事情背后有这么多的问题与缘由，慢慢地孩子就会和盘托出事实的真相。家长也会因此更了解自己孩子是这么一个有爱心的人。这段时间就完全可以成为父母与子女之间的温馨亲子时间了。若是家长沉不住气，劈里啪啦地把孩子骂一顿，不但会失去了解孩子的机会，而且还可能不欢而散。

当孩子觉得父母有了解他的想法与感受时，才可以提出问题帮助孩子思考，同时也要谨慎地分享自己的经验与意见。但是要谨记不要变成家长在唱独角戏。

现在流行的"EQ"一词，也就是"情商"，是指一个人社交和解决问题的能力。当孩子遇到问题时，不要太快给出你的意见，若是太快给建议，孩子就没有机会自己思考和找出答案。学习用引导的方式训练孩子自己思考与寻找解决的方法，最后才谨慎地给出你的想法供孩子借鉴，这样孩子的情商就会越来越高。当然，学习良好沟通与训练孩子的情商，并不是三言两语就可以讲明白的，我们将会在第10章中再次提到，读者若有兴趣，可以在这方面寻找相关材料继续研究。

我们前面探讨了天才的种类，发现人的特质的确是有很多种。每个人都有不同的思考、理解与主要的感官学习方式。我们也介绍了教子有方的第2招，也就是"明确教导"以及第3招"优质时间"，希望父母在教养子女时能有"行行出状元"的心态，既有清楚的教导，又能与孩子建立亲密关系。

孩子行为有因由

在面对孩子的各式各样的行为问题时，

父母经常表现得不知所措，

然而孩子的行为背后往往是有原因的……

"我的孩子在学校打人，怎么办？"

"我的孩子偷钱又说谎，怎么办？"

"我的孩子不洗澡，怎么办？"

"我的孩子不但不听指示还故意做对，怎么办？"

"我的孩子坐不住，怎么办？"

在面对孩子各式各样的行为问题时，父母经常不知所措，总希望找到一个解决方案。但是在孩子各式各样的行为背后，不是那么单纯的就只有某个特定原因，因此需要观察分析，找出孩子行为的所有原因，以对症下药。我们要在这一章中讨论6种常见的行为原因。

六种常见的行为原因

一、与生俱来的个性

许多时候孩子的行为是个性使然，我们在第2章已经讨论过每个孩子都有与生俱来的独特天性。有的孩子天生内向，父母担心子女太害羞而失去许多机会，于是千方百计地想要将内向的孩子推出去。也有些家长嫌自己的孩子太外向，想尽办法要将活泼的子女拉回来。有的孩子动作快，可是父母嫌他做事草率；有的孩子慢工出细活，父母又觉得他做事拖泥带水。许多时候父母是很难取悦的！其实父母应学习接受孩子的性格。

意思不是说，就此放任子女不教导，而是家长要有合理期待，并按着子女的性格特色做调整。不能要求天生性格内向的孩子转变成社交花蝴蝶，但是可以帮助这样的孩子，使他与人相处时能更自在。

二、生理因素

有时孩子的行为是因为生理原因，甚至可能需要药物治疗。有个孩子不喜欢洗澡，后来发现因为他的皮肤对水质过敏，洗完澡后皮肤就会不舒服，难怪他不喜欢洗澡。最后父母将家中的水过滤成软水，问题就解决了。

还有一位小男孩，总是顽皮捣蛋不听指示，虽然读书成绩不错，但是在学校不听老师指示，跟同学打架，经常惹祸。学校及老师都受不了，不断与家长约谈要他们好好管教自己的孩子。为此，这个孩子在成长过程中被无奈的家长百般打骂，甚至父母在气头上会逼孩子发誓下次绝不再犯。家长却不知孩子有生理特异因素，需要药物帮助才能控制自身的行为表现。孩子虽然当下保证下次不敢了，却是说到做不到。于是在没有人能了解他行为背后的生理特异因素的情况下，这孩子的行为越来越激烈，性格也越来越暴躁。最后直到11岁才被医生诊断出患有多动症，并且有偏执狂的倾向，又因为长期没有人能理解他，这孩子还患上了抑郁症。这样的孩子，若经过医生正确诊断确定病症，通过药物进行治疗，症状通常都会缓解。

但是，要在此提醒读者不要太紧张，而很快给孩子戴上一个"多动症"的帽子。近年来有数据显示，这一类的患者有"过度诊断"的现象。在班级中，好动孩子的家长常常会被老师约见，并暗示孩子患有多动症，以致家长病急乱求医。家长若有这样的疑虑，应与儿科医生联络，对孩子做详尽的专业诊断。

三、生理和情绪发展

人生当中有两个生理及情绪发展最快的时期，一个是婴儿期，另一个是青少年期。婴儿期大家都记忆犹新，孩子像吹气球一样，智力与身高快速增长。孩子从软弱无助到会坐、会站、会走、会讲话，甚至开始反抗权威，也就是从出生到"麻烦的2岁"（trouble two），虽然孩子成长得很快，但这阶段因为年纪还小还算容易掌控。

接下来，另一个快速生长期是青少年期，荷尔蒙分泌增多，使孩子身体各方面趋向成熟，从而影响孩子的心理，引起情绪变化。

甚至有些孩子在青春前期（pre-teen），就开始不再像以前那样听话，反而动不动就不高兴，对父母爱理不理的，也会出现顶嘴现象。

其实青少年的叛逆行为是有迹可循的，并不真的全是青春期的荷尔蒙作祟。孩子小的时候，父母若过度使用权威，没有建立良好的亲子关系，当子女长到够大，通常是青少年或青春前期时，就会将过去所积压的不满与怨气一并发泄出来。

我家老二虽然刚满月就因为生病去住院，身体不算健壮，但是这孩子从小就很可人，看见人总是笑嘻嘻的模样，听话又愿意遵守规矩，是"人见人爱型"的孩子。然而，当他成长到青少年时，偶尔也会闹情绪。以前大家开他一点小玩笑他都无所谓，甚至他自己也会自我解嘲地开自己的玩笑，但这时开他的玩笑，他有时就会表现出不高兴，还会瞪你一眼。令人感到这孩子真的在长大，需要更注意跟他讲话时的态度。

青少年时期是情绪较敏感、自信心也较脆弱的时候，家长若对青少年时期的特别生理与情绪发展有所了解，就不会一味追究孩子的态度变化，也不会因为子女情绪起伏而动怒，反而会对子女有更多的包容。

有些父母一看见青少年桀骜不驯的样子就有气，于是就会对孩子说："你说说看你有什么不满意的地方，我给你吃、给你穿、给你住，你还要怎样？还摆一副臭脸给我看。"事实上青少年不见得是对你不满，你要他说他还说不上来，只不过是生理和心理上发生一些变化而已。若父母对此有所了解，就能注意避免与孩子发生不必要的冲突。

许多现代人都晚婚晚育，当孩子正值青春期，父母就年近半百，甚至快要到更年期了。子女急速发育，父母却在急速衰老。这期间两代人之间若硬碰硬，家长铁定是输的一方。家长需要学习如何有效地教养青少年，这在我的另一本书《青春可以不叛逆——抓住青少年的心》中有详尽的探讨。

四、榜样学习

孩子是父母的镜子，父母可以从孩子身上看见自己的影子。孩子的行为往往是通过学习而来，家长在日常中的言行举止都被孩子看在眼里，日积月累耳濡目染，孩子也就学得有模有样了。有一位家长说他家的长子经常打妹妹，于是就大声质问哥哥："你为什么打你的妹妹？"儿子回答说："因为我爱她，才会打她。"大家可以想见，爸爸打儿子的时候嘴上一定也是这样说的，以致儿子有错误的观念，以为别人不听自己的话就可以诉诸武力，嘴上还念叨"我是爱你才会打你的"。很多暴力家庭都会有这样的逻辑，认为"打"是"爱"的表达方式。这种家庭，往往可以追溯其家族的传统根源，暴力行为也是代代相传，逐渐强化的。

家长的脾气很坏，孩子的脾气肯定也好不了。当孩子还小的时候，家长的身材比孩子高大，力气声量也比孩子大，孩子因为害怕就暂时屈服在你的强势之下，敢怒不敢言。但等孩子长到青少年时期，情况就变了。大人再要对孩子大声吼叫，孩子也会对父母吼回去。大人想打孩子，孩子就用手挡你，不然就跑出门去，让你根本追不上。于是家长说气话："你最好不要给我回来。"但是，假如孩子真的出门流浪，家长反而又会急得团团转。

有一位妈妈抱怨说，真不知道要如何与她的青少年儿子沟通，连进去儿子的房间拿东西，顺便问一下功课做了吗，都会被儿子轰出房门来。这位妈妈说："我都已经是低声下气地跟他讲话了，可是他还是很不客气。"当我继续了解后，就发现：当孩子还小时，这位妈妈经常稍一不顺心就对孩子很凶，如今孩子就"以其人之道，还治其人之身"了。当孩子也学会辱骂和欺凌，连本带利加倍地奉还给父母时，父母就要后悔莫及了。

一位父亲愤愤不平地谈到他的儿子如何不孝，竟然敢在生气时向他大声骂脏话，还乱摔东西将窗户都砸破。听起来这位父亲似乎很值得同情，然而细问之下才知道，骂脏话、摔东西正是这位父亲过去十几年来的生气方式。

家长对孩子说："没事做就去读书。"但是若孩子看到父母没事做的时候就看电视，从来也没有拿起一本书看，猜猜看孩子会怎么做。当然是有样学样，看电视不用费脑筋的好。

一位父亲在公司上班时接到老师打来的电话，说他的孩子总是偷拿学校的公物，屡劝不改，希望家长好好管教。父亲气急败坏地回家把儿子叫到跟前来教训道："你为什么偷拿学校的公物，还让老师打电话来向我投诉，令我很没面子。难道我从公司带回来的东西，还不够你用吗？"原来这位父亲自己也从公司拿了本不属于自己的东西，他的孩子只不过是效仿父亲的做法而已。

五、行为造成的后果

行为造成的后果会影响孩子是否会重复之前的那种行为，这是许多行为背后的一个重要原因。

有个孩子在吃饭前吵着要吃冰淇淋，爸爸告诉孩子："快要吃饭了，等吃过正餐才可以吃甜点。"只是孩子并不肯就此罢休，仍继续吵闹纠缠不停，并且一直叫嚷："我很饿，不能等了，一定要现在就吃冰淇淋！"最后爸爸受不了只好投降，但是警告孩子说："仅此一次，下不为例！"孩子欣然答应，并且吃到了冰淇淋。

请猜猜看，下次这个孩子想要吃冰淇淋时会如何做？他必定会如法炮制，参照过去有效方法的办法"纠缠不休"，直到达到目的为止。子女不会记得因为要达到目的所做的承诺，只会记得"吵闹"使他得到了所要的结果。甚至孩子可能会吵得比上次还凶，比上次还久。为达到上次的结果，上次吵10分钟这次就吵20分钟。而父母本来想这次要坚持下去，却又因为孩子吵得更厉害而放弃，从而形成恶性循环。于是父母间接地养成孩子不听家长的话和不肯合理沟通的坏习惯，还不自知！孩子的行为所产生的结果若是孩子想要的，他就会重复那个行为。

1. 叫吃饭叫不来

有位妈妈说，她家每次到了吃饭时间，都要三催四请叫上半个钟头，饭菜都要凉了，最后脸红脖子粗地扯着嗓门大叫，大家才姗姗来迟地来到饭桌旁吃饭。所以这位妈妈每天都为叫吃饭而发火。原来这位妈妈以前经常饭菜做到一半就开始叫开饭，难怪没人过来。因为妈妈喊第一次开饭时大家会真的到饭桌前，但此时饭菜根本就还没做好。孩子与家人都很精明，他们会分辨。妈妈第一次缓和的叫，表示还早；第二次声音稍微提高一点，嗯，可能还有20分钟；第三次、第四次……一直到母亲气急败坏尖声大吼时，才是真正有得吃的时候。因此全家人都已经形成相似的惯性思维，然而这种情况其实是妈妈自己造成的。

2. 打电话时要糖

许多家长都有类似的经验，就是每当接听电话的时候，孩子就会跑来问："可不可以看电视？可不可以吃冰淇淋？可不可以吃糖果？"为什么孩子会特意在这个时候问这些平常不可以做的事情？因为大多数的家长接电话时，为了让子女不来打扰，往往就会妥协，同意孩子的要求。也就是说，父母打电话时总是有求必应。孩子达到他想要的目的，当然也就继续重复这样的行为。较好的方法是，当孩子提出要求时，向电话另一端的友人说，有急事需要先处理，等一下会再打回去。挂掉电话，看着孩子的眼睛，向孩子讲明规矩。几次之后，孩子就知道打电话时要东西没有用，自然就会放弃这个方法。

六、注意力

影响孩子行为的另外一个很重要的因素是父母的注意力。人的本性是喜欢得到所爱之人的注意，特别是好的、正面的注意力。只是当得不到正面的注意力时，得到负面的注意力也算是得到一种注意力，总胜过没有得到注意力。也就是正面注意力好过负面注意力，而负面注意力好过没有注意力。

注意力公式：正面注意力 > 负面注意力 > 没有注意力

正面的注意力是称赞、表扬和肯定；负面的注意力是唠叨、批评和责骂。我们能了解正面的鼓励大于负面的责备，然而有一个重要的心理学观念是，负面的注意力比没有注意力好。

从夫妻关系中可以发现，当配偶没有注意到我们时，我们会做一些自以为会讨好对方的事来引起对方的注意。然而若是对方仍然无动于衷，我们可能就会用激烈一点的负面方法，例如挑剔或是贬损，来引起对方的注意，因为总比没有注意好。

假设太太在家照顾孩子一整天，还要准备晚餐，没想到丈夫下班回家连打声招呼都没有，就径自独坐在那里看电视。做妻子的就走过去没好气地说："你就只会看电视，你没看到我在忙吗？也不会过来照顾孩子，或是过来帮个忙，就会坐着等吃。"先生被埋怨也发火说："你是怎么回事，我忙了一天，稍微休息一下，你就无理取闹。"于是两人小吵一顿。其实做太太的在向先生挑衅时，已经知道后果必定是不欢而散，可是还是过去讲了不该讲的话，为什么呢？因为负面注意力总比没有注意力好，总算知道对方还在乎自己。

亲子之间的互动也是如此。孩子乖乖地在自己房间玩游戏时，父母通常不会因为孩子有好的行为，而给予孩子正面的注意力——进去鼓励、肯定孩子的好行为。反而很多的父母会刻意躲开，赶紧离孩子远一点，生怕等一下被孩子看到又黏得没完没了。如此，子女什么时候会得到父母的注意力呢？只有当孩子顽皮、捣蛋、造反时，父母才会介入来排解纠纷，甚至指责骂人。虽然父母给的是负面注意力，但是总比没有注意力好，聊胜于无。于是，孩子一天到晚调皮捣蛋，就为得到父母的注意力，而父母整天精疲力竭地忙于为子女解决问题，形成恶性循环。

如何改变这样的负面互动模式？父母要学习主动先给孩子正面的注意力。这就讲到我们的第4个教子方法：正面注意力法。

教子有方第4招：正面注意力

父母用"正面注意力表"（见附录三）来强化孩子的良好行为，这种管教方法通常适用于4至11岁的孩子。

一、妙用正面注意力表

1. 选择一项孩子每天会有的行为

例如收拾玩具、放好书包、自己吃早餐、练琴等。有位家长说他的孩子每天从学校回来，就开始脱鞋袜、摘帽子、放书包、脱外套，一边走一边丢，东西落满一地。为此家长就选"放学后将书包及脱下的物品放好"这件事情来训练孩子。

前面提到一个有动机的成年人要学习并养成一个好习惯，需要至少3个星期的时间。一旦形成习惯，若不做就会觉得怪怪的。但若偷懒几天，就会很快失去辛苦养成的好习惯。而孩子基本上是不成熟又缺乏动机的，若想训练孩子养成一个好习惯，至少需要4个星期的时间。

有一位家长将"正面注意力表"带回家去后，写下一连串的事情——下午3点吃点心，4点做功课，5点练琴，6点吃饭，要孩子一一做到。这样是错用注意力表，孩子可不是机器人，哪有办法

——照做如此多的要求。

　　家长可以先选取容易做到的，并且确定孩子已经会做的事情，并且一次只训练一件事，千万不可提超过孩子成熟度的要求。若是要求过高，孩子注定失败，挫折感会使孩子失去尝试的欲望和决心。

　　选取每天都会发生的事情做，周末可以休息。如果选的是一周才发生一次的事情，那一周只能有一次的正面注意力，就不足以强化孩子的行为。

2. 以"明确教导"加以解释说明

　　记得按照孩子的成熟度，以教子有方第2招"明确教导"的步骤加以说明解释，以确定孩子完全了解。然后家长动手做一个简单的表格：可以把日历复印下来，或是自己画一张一个月的注意力表。一周7天，要画4周共28格。孩子若做了当天该做的事情，你就可以用一张贴纸把当天的格子贴上。记得我的孩子还小的时候，买过很多各式各样的贴纸，有可爱的卡通动物或是花草贴纸，有发亮的，形状各异的贴纸，它们很能吸引孩子的注意力。还可以用省钱办法，用笔画一个笑脸在格子中间。当孩子做了当天该做之事，就给一个贴纸或画一个笑脸在当天的格子内，以示鼓励。

3. 将表格贴在显而易见之处

　　把这张表格贴在显而易见之处，如冰箱上、房门上或是电视旁等，最理想的是全家都看得到的地方，一方面可以邀请全家一起来为孩子加油，另一方面可以建立孩子的荣誉心。家长可以说："大家来看，小宝已经连续好几天做了某件事，而且做得如何如何的好哦。真棒！小宝真的长大许多了。"

4. 每天固定时间做记录

每天在固定时间做记录，使孩子有期待，父母也较不会忘记。父母责无旁贷，必须要亲自做记录，不可以让子女自己贴贴纸或自己画笑脸，如此子女才能真正得到父母的正面注意力。

曾有家长对我说："这个正面注意力表格实在太好用，特别在第一、第二个星期效果明显，孩子积极参与。可是后来我就懒了，要孩子自己去贴，效果就差很多。"问题就出在"让孩子自己贴贴纸"这件事情上。虽然贴贴纸只是举手之劳，却是家长对孩子好行为的一个正面注意。现代人的物质生活太丰富，孩子们其实不是很在乎这些贴纸，更多的贴纸他们都有。孩子们在乎的是你所营造的气氛，以及父母所给的正面注意力。要是叫孩子自己贴，就不是正面注意力了。

二、"正面注意力"注意事项

一次针对一项。想要建立的好行为不要要求过高，那样会使孩子因难以达到目标而放弃。

不能无止境的一直用下去。如果你有4至11岁的孩子，这个方法会很见效，但是也不能无止境地一直用下去。有一位妈妈问我为什么当她连续使用这个方法半年后，孩子就兴味索然了。这其实是正常反应，任何好方法用得太久都会失去吸引力，所以最好不要连续的长时间使用。最好1至3个月之内就停止使用，过些时日再拿出来。

有位家长用注意力表，要求家中两兄弟一天都不可以吵架。这位家长告诉我，注意力表不好用。这是因为注意力表是要"增加好行为"，不是要"减少坏行为"，特别是不能有牵涉"压抑情绪"的不合理要求。整天都不能生气，既不是"增加好行为"，又不是一个合理的要求。想想看，就连成人都无法保证自己一整天的情绪，更何况小孩子？这位家长可以用"一天向你的弟兄讲一句好话"作为注意力表的要求，这样既可以强化好行为，又可以帮助兄弟俩增进感情。

父母还应该教导孩子学会如何适当地表达自己的怒气，而不是压抑情绪。这涉及情绪管理的技巧，我们会在第10章再作讨论。

暂时不用奖品，仅用爱的正面注意力来训练。有家长提出问题："现在的孩子，只是贴张贴纸，他会喜欢吗？孩子若提出当自己攒够多贴纸可以换什么奖品，我该怎么办？"没错，现在的孩子已经不稀罕贴纸，但是父母仍可只用爱和关注来鼓励孩子的好行为。可以对孩子说："我没有打算给你奖品，可是我注意到你在一天天地进步，我爱你，你做得很好。"

当我们让孩子知道并不是每件事情都能用物质来衡量时，他们较不会变成功利主义的人，以为做什么事都应得到一些东西。其实在教子有方第11招中，我也曾用到过奖品，但是奖品只能偶尔使用。

父母要提早提醒。每一次要孩子做注意力表上的事情的半个小时或15分钟前，就要对孩子做出提醒。例如孩子下午3点放学回来，父母在3点半会去检查是否将书包及相关物品放好，父母就需要在3点时提醒孩子去做。若是晚上8点需要将玩具收好，家长就需要在7:45以前提醒孩子。原来这不只训练孩子，也训练父母，父母比孩子还要费心。当然提醒一个月后，孩子就会慢慢习惯成自然，养成一个好习惯。

孩子因为没有得到足够的正面注意力，那么负面注意力总比没有注意力好，所以就经常整蛊作怪，调皮捣蛋给家长看。家长一旦关注或责骂他，虽然他得到的是负面注意，但是总算觉得父母还在关心自己。正面注意力表的管教方法，正可以辅助弥补家长对孩子所缺失的正面注意力。

称赞鼓励与略施压力

每一个人都喜欢被肯定，

"正面称赞"可以使孩子快速进步，

适当运用"忽视法""先才法"

则可减少子女的不良行为。

有关调查显示，美国家庭中，父母与青少年之间的对话时间，平均一天不到30秒钟，而其中的内容多是家长对子女的命令和批评。这数据看起来是挺吓人的，但是让我们来试想一下整天与儿女的对话内容与数量就更吓人了。从早上叫起床开始："还不快起来""上学要迟到了""吃早餐""上车"，到下午孩子放学回来："快去做功课""不可以偷懒""去练琴""吃饭""洗澡""睡觉"。若说快一点，还真不到30秒钟，更重要的是根本没有讲任何正面、鼓励的好话，难怪家庭问题会越来越严重。

有一个实验是这样的：将一群小学生分成3组来学算术，A组的指导老师只告诉学生哪里做错了，做对的绝口不提，只贬不褒；B组的指导老师只告诉学生哪里做对了，做错的不讲什么，只褒不贬；C组的老师，则完全不管学生做对或做错，放牛吃草。

根据我过去的教学经验，许多人都会猜B组进步最快。事实上，进步最快的真的是B组，因为每个人都喜欢被肯定，一旦被肯定就会想要做得更好。但是让我不能理解的是，既然许多父母都知道鼓励可以激励一个人上进，为什么大部分家长都不使用此法来帮助子女？

进步第二快的，就有很多人会猜错。进步第二快的是A组，只挑剔错误，孩子也会进步，只不过是在缺乏自信之下的进步。进步最慢的是C组，不理不睬绝对不是好的教养方式。这其实与上一章所提到的注意力公式不谋而合。既然如此，我们就来学习使孩子进步快，又可以增强自信心的"正确称赞法"。

很多家长希望学到一种管教孩子的妙法，能行遍天下无敌手。通常我都会告诉家长没有这样的方法，因为每个孩子的个性不同，因此管教方式也需要因人而异。不过这里要介绍的"正确称赞法"，只要正确使用，是很有效的，可以"大小通吃"，即对大人和小孩都适用。

教子有方第5招：正确称赞

这是一招强而有力的教育子女最直接和最有效的方法，对提高子女的自信心及滋润亲子关系大有帮助。

一、正面肢体语言

正面肢体语言包括面带微笑及眼睛注视，父母最好能蹲下来，使亲子之间的视线能平行，还要加上肢体动作，如走近、触摸、轻拍、拥抱、亲吻等。父母与子女对话时经常会忽视这些重要细节，然而正是这些小地方表现了你对他的重视及诚意。

有些家长整天用一张"扑克脸"面对孩子，好像只有摆出僵硬表情才能够证明自己的权威似的。就连称赞孩子时都板着脸孔，让孩子搞不清楚到底你是真的在称赞他，还是在挖苦他。有位家长回去向孩子练习正确称赞时，讲完后，孩子目瞪口呆僵在那里半天。后来这位家长才发现，原来自己表情僵硬，忘了展露出笑容。父母可以先对着镜子学微笑，好让自己变得更加放松。

以柔和的目光以及亲切的声音与孩子说话。许多时候父母对孩子说称赞、表扬的话时，好像总是不太好意思，眼睛不敢看孩子。不要让自己的眼睛看着别处，假若你对着子女说话，眼睛却看着墙壁，子女就不明白你是在跟墙壁讲话，还是在跟他讲话。

最好站在手臂能够摸得到孩子的地方，靠近说话使你显得真诚与亲切，不要远远地喊话。曾有一位爸爸说，他喜欢靠近孩子说话，因为要是孩子没有专心听，伸手打下去会比较快。这是不正确的。难怪有些孩子看到父母靠近时，就会吓得赶紧跑掉。正确称赞是要给予适当的鼓励，而不是责打。

家长可以抚摸孩子的头、拍拍孩子的肩膀、拥抱或亲吻孩子的面颊。中国人向来比较含蓄，很少以拥抱和亲吻表达对对方的爱。有位家长告诉我，自从上小学以后，自己就没有再被大人抱过和亲过。特别是我们父母那一辈，更是几乎不用肢体语言表达爱，故此也会使我们觉得不习惯。

然而在北美长大的孩子，对西方人的习俗耳濡目染，不管大人小孩都是搂搂抱抱，卿卿我我，也就更需要父母以肢体语言表达对他们的关爱。若是平常没有习惯这样做的家长，可以循序渐进慢慢来，不要一下把孩子抱得紧紧的，害得孩子被你吓住赶紧问你："爸爸，你今天是不是发烧啦？"你可以先拍拍孩子，轻轻地触摸他，然后再慢慢学习拥抱他。

二、言之有物

爸爸妈妈在称赞子女时经常只会说"很乖"或"很棒"，孩子听了并不是很清楚自己是哪里乖，怎么棒。要将整个情况描述清楚，提出至少3件值得赞赏的事。

例如，孩子主动帮忙将杂货从车库拿到厨房，家长可以只说一声"谢了"就让这件事过去。但你也可以面带笑容地走过去，站在孩子的身边，轻拍孩子的肩膀，告诉孩子："谢谢你哦！宝贝，我注意到没有人叫你，你却主动笑眯眯地来帮忙，真体贴！还记得上星期跟你提醒的'小心轻放'，看来你的记性真好。啊！你真是妈咪的好帮手，我好开心，你让我省了好多事，有了你，我真是幸福的母亲！"

这样的称赞，将行为细节与所带来的好处一一述说清楚："主动""笑眯眯""体贴""小心轻放""记性好""好帮手""妈妈开心""省事""幸福妈妈"，共9种！表扬的事情起码要列举并讲出3件，在前面由"谢谢"开始，后面以"很棒"结束，这样可使孩子知道自己做对了什么，大大加强了孩子下次重复这种行为的动力。

有些家长可能会觉得，我们辛苦工作就是为了给孩子提供一个安定的家，孩子帮忙本是应该，哪还需要谢谢这么多。但试想一下，假如妈妈辛苦做好三菜一汤，一家人只埋头吃饭，对饭菜不予置评，那么妈妈下次烹煮的兴致恐怕会大大降低。虽然家中每一个人本应各司其职，但是若能够给予适时、适当的赞美，对做事的人就是莫大的鼓励。

正确称赞不仅要"言之有物"，并且要越及时越好。因为这样听的人才会将好的感受与好行为联系在一起，下次就更愿意做那件事。大部分人刚开始学习时，较容易忘记及时称赞，没关系，过后想到再补上也行，直到习惯成自然，以后就很自然地知道如何及时地将感激、欣赏和鼓励的话讲出来。

我的大女儿上高中时尽管作业繁多，却经常还帮忙洗碗。当她洗碗时，我就站到她的身后抱着她说："你的功课这么忙，还愿意主动洗碗，洗得又干净又好，有你这样的孩子，我真是好幸福。"女儿听了会不好意思地扭一扭，但是我知道她心里却是很高兴的，下次也会乐意来帮忙。但是，也不是说父母从此以后就可以高枕无忧，将家事都交给孩子去做。孩子就是孩子，父母还是需要不断地去鼓励和嘉许他们，使他们有动力。

三、专心称赞，不附带条件

要是孩子的行为好坏参半，要忍住想要马上纠正孩子的冲动，因为若是真想让称赞达到好效果，一定要专心称赞，不附带任何条件。

例如，你叫孩子去收拾房间，收好之后你去检查时说："很好，有进步，书有放到书架上，床罩也有拉整齐。只是，我跟你说，下次叫你收拾房间要记得，脸不要臭臭的，反正你脸臭臭的也是要收，笑笑的也是要收，还不如笑笑的收，这样对大家都好！"这样的话语在后面夹带了附加条件，使重心转移至谴责批评，严格说起来不算称赞，感觉还是指正和要求。假如家长觉得一定有必要教导，可以在心平气和后另找合适时间问孩子："宝贝，早上我看你收拾房间的时候脸色不太好，是不是有什么不高兴的事，想不想谈一谈？"孩子就会告诉你不高兴的原因。

1. 称赞加1分，指责扣10分

人们在听到的十句话里，有九句是中性和含糊的表达，只有一句是批评与指正的话，重心都会转到负面、责备的话上。若说"称赞的话"是在彼此的关系上加1分，则"责备的话"是扣10分。爸爸妈妈若讲一句称赞的话，再加上一句责备的话，虽然亲子关系加了1分，但是接下来又减10分，最后不但没有使关系更亲密，反而成为负分。这样一来，不如不说。

有一次我以培训课的班长为例来做示范："班长，你真是好，自告奋勇为大家服务，每次都为我们准备茶点，处理琐事。可是要是下次能早一点到，就不用我辛苦地为大家摆放桌椅了。"讲完后，我问班长感受如何，他说只是听到后面的部分，感觉是在挑剔他做得不够好。人们对于一段话语，常常只在意最突出的负面部分。其实，我根本就没有摆过桌椅，都是学员自己摆好的，我只不过灵机一动，随口说说。没想到下一周班长竟然当真，提前到达课室摆放好桌椅，因为他只在意后面挑剔的"条件话语"。正确称赞，切记不要在后面附加任何条件，一旦附带条件，说话的重心就会转到条件上去。

有些人没有称赞的习惯，所以一下子要赞美别人可能需要下一点功夫学习。称赞时可根据事项的外在或内在表现来区分。

（1）外在方面，是指看得见的事，如行为表现、仪表、成就等。看得到的事情较容易称赞，举凡考试全A、比赛得奖、衣着打扮得体、守规矩、听话等，都可提出来称赞一番。

曾有人跟我抗议说："胡老师，你的孩子乖，不知道我的有多调皮。从早到晚不停地造反，根本找不到可称赞的事项！"若果真如此，可以在孩子没有做或少做不好的事情时，加以称赞。例如说："你今天没有将饭菜喷到墙上。""你今天只从椅子上掉下来两次，比昨天少了一次。"

（2）内在方面，是指不易一眼看穿的品质，如称赞一个人的努力、品格及动机等。我觉得这才是更高一筹、更好、更棒的称赞。可能事情的结果不一定理想，但是背后的努力、品格及动机却是应该被肯定的。

有家长提出隐忧：难道孩子做得很普通也要称赞吗？若是他明明不会画图，难道也要称赞他会画吗？假以时日，孩子会不会翘尾巴、沾沾自喜、自我膨胀，真的以为自己很会画画呢？

若是子女真的不是很会画画，家长当然不能说谎话。日久见人心，孩子会知道你是真心还是假意地夸奖，他们都是很精明的，会分辨称赞的真假。但是，父母却可以发掘出孩子不易看见的品格及动机，然后激励他。比如说孩子很认真专心地听老师讲解，也很坚持努力地完成不是很喜欢的美术作业。

2. "挥棒落空"也可以称赞

有位爸爸问道，他周末辛辛苦苦将孩子载来载去学打棒球，就是希望孩子能够打到那颗棒球，结果花钱又费力，孩子还是没有打到球，那他还能称赞什么？大家知道棒球运动有许多术语，当球飞过来，挥棒击打到球就叫"安打"，把球打很远超出界线，就叫作"全垒打"；挥棒没有打到球的，就叫作"挥棒落空"。而就算是"挥棒落空"，只要仔细寻找，也可以找到值得鼓励的地方。

可能孩子的姿势很漂亮；可能挥棒有力，要是真打中了球说不定是全垒打。想想孩子虽然每次都没打到球，可是还不怕别人耻笑继续打下去，真是勇气可嘉，而且越挫越勇、很有坚持力。高瞻远瞩的家长知道，这些内在品格才是真正成功者的特质。

3. 不正确的称赞

有正确的称赞，也就有不正确的称赞。有一个家庭的孩子非常优秀，从小到大功课总是拿第一，在师长及父母的称赞中长大。但是到了大学里，她发现聪明人非常多，再也无法每次都拿第一名，最后这个孩子患上了重度抑郁症，无法再读下去。这是怎么回事呢？原来这个家庭的家长只注重外在表现，从小灌输孩子第一名才是一个有用及有价值的人。于是当孩子成绩没有达到理想或受到挫折时，就会不正确地否认自己的价值。在我辅导的个案中，因为过去父母的焦点都是外在成绩，孩子长大后一旦失败就从此一蹶不振这样的案例很多。所以父母要睁大眼睛，鼓励子女培养内在品格，正确的称赞不但不会使子女自我膨胀，反而会帮助建立孩子自信心，树立正确的价值观。

4. 称赞法也适用于成人

正确称赞法也适用于家人、朋友及同事。许多人应用以后都说，运用在配偶身上，效果比在孩子身上还明显。

有一名学员想在家里实际运用一下这个方法。刚好婆婆在那天一早做了稀饭，于是就对婆婆说："妈妈，你今天的稀饭煮得真好，不太稠也不太稀，恰到好处，入口即化，美味无比，真好吃！"这个学员说，不仅那一整天婆婆都很高兴，而且从那天起，他们家天天都吃稀饭！为什么？因为就连老人家也很希望得到别人的赞赏。

我先生的原生家庭是比较传统的，男孩子向来不用进厨房帮忙，而我则觉得家是两个人的，当然要彼此分工配搭。所以结婚初期，我们两个人就分好工，我煮饭，他洗碗。然而因为他从没洗过碗，所以洗的碗总是不够干净，洗完还是油腻腻的，碗盘底下有油垢，茶杯里有茶垢。我就责问他："你是怎么洗的？"他理直气壮地说："那些污垢是洗不掉的。"我就很生气地叫他过来，亲自示范给他看，并且说："我这女人的手虽然没力气，都能洗掉；你这男人的手这么有力，怎么可能洗不掉？"于是每次他洗碗时，我总是在旁指指点点，告诉他这里不干净，那里没有洗到。直到有一天，先生对我说："老婆大人，我看你比较会洗，还是你自己来洗吧！"

我想想这样不对啊！怎么搞了半天，还是归我洗碗。看来我得改弦易辙，用称赞的办法。从此以后，先生洗碗时，我就说："这碗比还没洗以前，要干净多了！"甚至从身后抱着他说："老公，你真的是好老公，白天上班那么辛苦，晚上又帮忙洗碗做家务，我有你，比有3个儿子还要强，我真幸福啊！"每次学员听我这样讲，许多人都说感觉很肉麻，快要起鸡皮疙瘩。可是事实上，这招非常管用，从此以后，我老公洗碗洗得又快又好。

说到这里，我就要问一下大家，你对你的孩子、配偶、其他家人是否也曾进行过这样正面、强而有力的鼓励和关注？

5. 抢着开落地窗帘

有一个家庭的客厅有面很大的落地窗，窗户直接对着外面的街道，每当夜晚来临，需要把这面窗户的窗帘放下，否则就没有隐私可言。但又因为这落地窗是整个客厅光线的来源，早晨则需要去打开它。几乎每天这家的妈妈起床后就发现，没有人去打开窗帘。于是妈妈就会发火地质问："你们都眼瞎了吗？就不会自己去开窗帘，一定要我说才会做吗？"于是就会指派一个人去做这件事，那个被指派的人只好悻悻然地去开窗帘。全家因为开窗帘这件事，经常闹得不开心。直到这个妈妈学习了正确称赞法以后，她才想要改变策略，进行实践。

一天，机会来了，妈妈起床后发现，有人已经自动将窗帘打开了。于是惊喜之余，这妈妈就趁机发挥说道："实在是太好啦！今天是谁这么棒，如此体贴懂事又主动勤快，竟然在没有人要求之前，就已经把窗帘打开。这样我们全家就不用摸黑做事，而且可以在光明中行走，真是太好了，这是谁做的？"只见老大迅速将手举了起来，于是妈妈马上走过去，拥抱、亲吻及抚摸孩子，又加上更多的语言称赞。到了第二天，问题不再是指派谁去开窗帘，而是如何轮流去开窗帘了。不仅是两个孩子争着要去拉开窗帘，就连老公都想来拉窗帘了。可见，每个人都希望被肯定与赞美。

曾有人问："都是我称赞别人，谁来称赞我呢？我也需要动力和鼓励啊。"其实若是你善用正确称赞法，每天早晚两次，由衷地向家人发出言之有物的称赞，保证两个星期后，你的家人一定会回过头来称赞你。若是没有，你可以跟我联络，我肯定会称赞你的。

正确称赞是一个强而有效的方法，只要你掌握了这个方法，并且运用得当，你的孩子会更优秀，配偶会更体贴，家人会更相爱，家庭会更和睦，何乐而不为？

教子有方第6招：忽视法

孩子们不是时时刻刻都是小天使，他们也有让人头疼的时候。当他们故意烦人、不礼貌或大发脾气时，家长可以使用"忽视法"来减少子女的不良行为。

记得在前面我们谈到，当孩子在没有得到足够的"正面注意力"的时候，往往会故意作怪捣蛋，以得到家长的"负面注意力"，因为负面的注意力总比没有注意力好。这里我们要用"零"注意力来管教，也就是当子女有不良的行为时，以"忽视法"来管教孩子。

就像若是有人跟你讲话，你故意不听他在讲什么，眼睛看别处，那么这个人就会很没趣而讲不去。两个手掌才拍得响，只要一方没有反应，另一方就会觉得没戏唱，也就会停顿下来。

一、正确使用忽视法

1. 不给孩子任何注意力

这包括视线不接触、表情漠然及身体走开。首先，眼睛不要看着孩子，脸部表情严肃，不可以偷笑，不要站在他能触碰到你的地方。当然不是真的让孩子完全离开你的视线，特别是在公共场所，可别弄丢了孩子。总之，对子女所做的负面行为故意视而不见。

2. 忽视抗议

孩子为了引起你的注意，会故意说一些惹人生气的话，他可能会说"你是世界上最坏的妈妈（爸爸）"之类的话来挑衅你，或是哭闹、抗议得比以前更大声，好得到你的负面注意力。父母要站稳脚步，不要被激怒，也不要与子女争辩，因为一旦辩论起来，你又给孩子负面的注意力了。

3. 立即称赞好行为

"忽视法"是以"零"注意力来管教孩子，而这样的方式基本上是在传达"我不在乎你的行为"及"你所做的不重要"的意思。当一个人不被重视时，其自信心会降低。因此，这个方法不能经常使用的，否则会损伤孩子的自信与自尊，并以为你不再爱他。而且"忽视"一定要跟"称赞"合用才能取得平衡。管教孩子的终极目标是要让孩子有自信心，并且知道自己是可爱的。所以一旦孩子有一点点好行为，就要马上赞许他，让子女知道，父母不喜欢的是他的"行为"，不是他"这个人"。

"忽视法"是要孩子感受到，既然吵闹没有人来管我，还是不要吵算了。而只要他开始不吵闹，父母就要赶紧称赞孩子，才能平衡忽视所带来的负面影响。

二、忽视加称赞

假设有一个5岁的孩子，在他刚上床睡觉的时候，忽然想起什么说："我们老师说，明天每个人都要带胶水，我现在要去买胶水。"你告诉他说："不行，现在已经很晚了，明天也来不及买，只好下次提前准备。"但是孩子很坚持，一定要去买，否则就哭闹抗议。这个时候做父母的就可以忽视他，直到他最终彻底安静下来之后，你可以对他说："很好，你终于安静下来，我喜欢你能够控制你的脾气，我也很高兴你安静下来的表现。"两种方法结合使用才是最好的。

三、不要滥用"忽视法"

有一位妈妈说，她很会运用"忽视法"，经常忽视孩子一个礼拜之久，好让孩子知道自己做错了。其实她的这种做法是不对的。这样做，简直可以说是虐待儿童！父母忽视孩子的存在，让孩子生活在一个得不到爱的环境中，会令孩子产生强烈的不安全感，孩子的心中会留下很深的情绪阴影，是很不恰当也很不健康的。

四、前5招多多使用，第6招必要时才能用

前面提到的管教方法，前5招是可以多多使用的，但是从第6招开始起，权威性越来越强，不能经常使用，这一点一定要切记。

五、公众场合使用"忽视法"

有的孩子一带出门逛街购物，就开始吵着要买这样买那样，到最后还会哭闹耍赖，该怎么办呢？假如你是脸皮较厚的家长，那么在大庭广众前，也可以对孩子使用"忽视法"。只是大部分家长会不好意思，可能就买了了事。要是果真买了一次，下次孩子再想要什么东西，就一定会如法炮制，故伎重施一番。上一章讲的行为后果会影响孩子会不会重复那种行为，讲的就是这种情况。

所以，对有这样行为的孩子，在出门前就要先告诫清楚，明确告诉他，一旦发生吵闹，会立刻带他回家。此时，父母就要说到做到，真的发生吵闹时，就应该立刻停止购物直接回家，决不妥协。家长要让孩子知道若他不能控制自己的脾气，就没有办法继续购物下去，孩子经历几次以后，就知道你说话算话了。

值得注意的是，这种方法在第一次使用时，孩子可能会吵得更凶、更变本加厉，但是当他知道再吵也没有用时，就会放弃以耍脾气来控制父母。

另外，孩子若有伤害自己或他人的行为时，不应使用"忽视法"。而是要马上制止。比如，你跟孩子说不能过马路，但孩子却不听，你就一定要马上制止，以免发生危险。只有在孩子做出不礼貌的行为、大发脾气、不听劝阻时，才使用"忽视法"。

教子有方第7招："先才法"

"先才法"，是父母将权威拿出来的时候，要让子女知道顺从父母才是最好的选择。

一、明确教导

"先才法"，即父母要求孩子"先"做一件事，然后"才"能做另一事。要确定孩子了解你的要求，并给他5至15分钟的时间回应。有些家长认为孩子没那么听话，若你要他先写完功课才能看电视，他就会马马虎虎草草了事，急就章地随便乱写，就想快点看电视。这是因为家长没有使用第2招"明确教导法"。所以孩子不完全了解爸妈的标准，于是想得过且过地混过去。家长若事先有明确教导，就较不会发生这样的事。

二、先……才……

家长可以用以下两个公式来练习：

（1）你必须先_____，才能_____。

"你必须先做完功课，才能玩电玩。"

"你必须先倒垃圾，才能去骑自行车。"

（2）当你_____，我才会_____。

"当你安静下来之后，我才会告诉你原因。"

"直到你吃完饭，我们才会去公园。"

有一对母子在开车回家的路上，儿子坐在儿童安全座椅上，突然发现自己手指上有个小伤口，就吵着要贴创可贴。妈妈说车上没有创可贴，伤口并无大碍，等回家后再贴上。但是孩子却不依，一定要妈妈现在就去买，并且开始尖声哭闹起来，害得妈妈心神不宁无法开车。这时妈妈就可以用"先才法"，把车子停在路边，要孩子先安静下来，才能继续开车回家，并且忽视孩子的哭闹，也就是将"忽视法"与"先才法"合并使用。

身为家长，要注意不能轻易就被孩子惹恼怒了，也不能每次孩子不听话就用打的方法来解决。要记住你仍是孩子的家长，有绝对掌控权，可以要求他先怎样做再怎样做。父母要坚持，使孩子知道顺从父母是好的。

三、保持冷静，贯彻实行

在管教子女时要说到做到，如果觉得不能贯彻实行，就不如不说。例如，你跟孩子说他必须要先倒垃圾之后才能去骑自行车。但是不久，邻居孩子来找你的孩子骑车，你碍于情面，就又让你的孩子去玩。这样，孩子知道父母讲的不一定会做，家长的威信全无，说了等于白说。不是方法不好，而是家长没有贯彻执行自己开始时提出的要求。

四、称赞好行为

不要忘记，不同的管教招数，都要以正确称赞法结尾。当子女愿意顺从父母的管教时，应记得要赞许他的行为。

虽然父母有绝对掌控权，却不可滥用权威。

再举一例：若是孩子正入迷地看他最喜欢的电视节目，而你也正想要洗衣服，于是你要孩子去拿自己换洗的衣物来给你洗。

孩子几次敷衍你，都没有去拿衣服，于是你使用"先才法"，让他先去拿衣服，才可以再看电视。孩子终于气呼呼地去拿衣服，并且很没礼貌地将衣物丢下，转头就要走。此时，家长的反应会如何？

一般父母遇到这样的情形，几乎都会发火，想将孩子叫回来，先骂一顿再说。可是这里要请读者想想，这件事情有没有可能父母也有错失之处？做家长的只想到自己方便，于是一定要子女配合，不尊重孩子的感受和想法，难道就对吗？有没有可能子女在看的电视，本来就是你答应他可以看的？会不会他此时正看到精彩之处？想想若是你，看电视看到正紧张时，是不是也不喜欢被别人打扰？而且有没有可能今天孩子心情不好？

也许家长会说：大人辛苦努力地工作，承担很多责任，才有资格谈心情不好，小孩子衣食住行都是父母给的，有什么心情好不好。然而正是因为孩子年纪小，处理事情经验不足，可能在学校被同学欺负，或是被老师冤枉了，因此可能只是小小的事情，就会令子女的心情很不好。

没错，家长对孩子是拥有掌控权的，但却不能滥用权威。较为恰当的做法是，父母要忍住怒气，对孩子顺从命令去拿衣物的行为表示感谢。等彼此怒气平息之后，家长可以向孩子询问当时态度的原委。家长若能这样做，不但可以听到孩子的心声，更了解子女的想法，而且自己也做出了一个处理怒气的好榜样，心平气和地教导了子女正确的做事态度。

"先才法"是在下达命令。身为父母的要明白，不应一天到晚对孩子命令这个、命令那个，若是这样，孩子会生活得很辛苦。

再次提醒，前面1至5招的正面管教方式可以大量使用。从第6招开始，家长是在运用权威处理问题，这时很容易滥用权威，所以请有智慧地小心使用，以免伤害孩子的幼小心灵。

培养幼儿的智商与情商

本章将孩子分成1~3岁、4~7岁、8~12岁三种类型，
探讨他们在不同阶段的情绪成熟度，
以及父母可根据不同成熟度而做的教导。

俗话说"3岁定80"，意思是从孩子的幼年时期，就可以看出将来发展的大概。与此不谋而合的是，美国哈佛大学怀特博士（Dr. Burton White）的"学前研究计划"（Preschool Project），在十年的长期研究中也发现，幼儿在半岁到2岁之间是孩子的智力发育（IQ，Intelegent Quotion，智力商数），及健康人际关系（EQ，Emotional Intelegent，情绪智慧）发展的关键时期。不要以为这个时期的孩子什么都不懂，其实这个时期是孩子智商及情商发育的重要阶段。

四种亲子依附形态

研究者认为，幼儿与母亲的互动对将来他与别人相处有深远的影响。他们将18个月的幼儿与母亲在实验室中暂时分开，根据孩子的反应及母亲与孩子平时在家的相处方式，将孩子分成四种亲子依附型态：

一、安全型

这种类型的幼儿发现妈妈不在时，虽然有一点惊讶，但是很快就恢复正常；当母亲回来时，则会热烈欢迎。研究者发现，这种安全型的孩子，因为父母平日体贴他们的需要，所以觉得世界是好的，爱得到满足，所以会自我安抚情绪，日后与人相处时较易原谅别人，人际关系好。

二、逃避型

基本上这种类型的幼儿，爸妈不会满足孩子的需要，所以孩子觉得只能靠自己来应对外部世界。幼儿对母亲离开与回来都没有太大反应，日后与人相处较难有亲密感，总是冷冰冰的。

三、焦虑型

这种类型的幼儿有焦虑型的母亲，完全不能离开妈妈身边，觉得自己无法应对外部世界，需要抓住可靠的人。在家中经常因为父母亲之间教育理念不一致，使幼儿觉得世界是可怕的，以致孩子较难与人相处，而且比较缺乏安全感。

四、紊乱型

这种类型的幼儿来自有虐待倾向的家庭，父母同时是安慰与痛苦的来源，妈妈离开后再回来，孩子甚至会打妈妈，这样的孩子日后也较难与人建立良好关系。

家长若想更多地了解亲子间的依附型态，可以上网查阅安斯沃斯对婴儿期依恋类型的分析（Ainsworth's Attachment）及其相关研究。

高智商、高情商家庭的三个特点

专家发现孩子的智力与情绪发展较好的家庭有三个特点。

一、经常与孩子对话

不是让孩子自己看电视或听音乐，而是真正与孩子交谈，不管听懂了没有，就是要跟他讲话，这样不仅可以增强孩子的智力和语言能力，还可以大大提高孩子的社交能力。曾有一个由美国政府推广的婴幼儿教育广告，提醒父母和祖父母要花时间跟婴幼儿讲话玩耍，刺激孩子的智力发育。宣传画面上，有一位爷爷不停地对小孙子说话做动作，小宝宝认真地听与看，并配合着祖父动作发出稚嫩的声音，把这个爷爷逗得高兴得不得了。

研究显示，在孩童1岁至2岁期间，若能给孩子提供好的社交生活，就能保证孩子的大脑发育良好。问题是，往往这段时期有些父母喜欢让孩子呆在家里，因为孩子在人多的地方，孩子更容易被传染病菌。但实际上，若想让孩子智力及社交能力提高，就要将孩子带出去与人接触。

二、提供孩子自由活动的空间

许多父母在孩子很小的时候，为方便照顾，将孩子放在一个狭小的空间里，如婴儿围栏这么一个长方形、周边是尼龙丝围起的、离地超过一尺的小空间。我曾见过有些家长把孩子放在围栏里，一放就是一整天。这样做非常不好，孩子在较大的自由空间里才会进步得快。在此期间，婴幼儿无论是嗅觉、触觉、视觉，都在快速成长，把孩子圈在狭小环境中，会限制住他的成长与进步。

在这个阶段，家长还应将家中的危险物品收起来，将插头用胶带封起来，将桌角用海绵等软物包起来，将橱柜上锁，以避免安全事故的发生，并制造出更多自由空间，让孩子可以游玩探险。我在孩子出生前，买过几个漂亮的玻璃餐桌及大小玻璃咖啡桌。孩子生下来之后，我们就把所有的玻璃家具都收到车库里去，沙发也靠墙边放。朋友来了看到还问："你们不是搬来一阵子了吗？怎么整间房子看起来空空的，没什么家具？"其实将危险物品收起来，是为了让孩子在房子里可以安全地自由活动。孩子通过触摸、观看和玩耍可以学到很多东西。

带孩子外出旅行，提供固定作息以外的刺激，对孩子的成长也是大有帮助的。许多家长都有相同的经验，就是带婴幼儿出去旅游，回来后发现小孩在各方面都有很多进步。这是因为在外面的所见所闻，与每一天在家中有很大的不同，这些新鲜的人、事物及景象，都会刺激和促进孩子脑部的生长与发育。

三、良好的核心家庭关系

家庭相处和谐，向心力强，有良性的互动，是孩子重要的教育来源。如果核心家庭成员之间关系良好，也就是说夫妻、亲子与手足之间都有轻松愉快的互动，孩子的智力与社交能力随之也都会较好。我的3个孩子之间的年龄间隔为3岁，所以当老大还小时，我念故事书给老大听；等老大识字后她就念给老二听；老二识字后，全家轮流念给老三听；结果，老三进步得最快。

对提高孩子的智商与情商的几项提醒

想提高孩子的智商与情商，有以下几项值得提醒：

一、设计环境，安排活动

做父母的需要给孩子设计安稳的环境，安排各种各样的活动，而不是只把孩子放一边让他自己爬来爬去，在那里厮混。可以将阅读、游戏、外出探险、去图书馆借书、到公园走路运动等，加入一周的固定活动中；也可以使用识字卡片及图画来刺激孩子的学习，让孩子每天的生活有趣，寓教于乐；还可以将孩子的房间及家中，布置成孩子可以自由安全活动的场所。

一位有3个5岁以下孩子的有智慧的妈妈，每一周都提前把孩子的活动安排好，并写下活动时间表，每天依照活动表的安排进行。这位妈妈表示，过去总是瞎忙，整天团团转，许多想做的事都没有做成。有了这个活动表以后，自己的心就比较安定，而孩子们对活动也有期待，这对家庭生活非常有帮助。

二、允许孩子来打扰

有人做出统计，假若父母一直以敷衍的心态不予认真作答，3岁的孩子一分钟最高可以问到20个问题，当然都是一些孩子好奇和不解的小问题。那么家长与其让孩子不停地缠磨烦扰，还不如允许孩子每次来打扰时，就给孩子30秒的知识咨询、安慰关爱及热忱指导，这将会大大提高孩子的学习兴趣。

三、坚定管教却又充满疼爱

家长应努力学习有效的管教方式，管教时不因自己的情绪任意更改规则；同时也让子女知道，不管孩子做什么事，父母对他们的爱是不会改变的。

如果事先与孩子说好去公园玩的时候不能吵闹，结果孩子还是哭闹不停，而你却觉得反正已经来了，回家也没有事情做，就继续待在公园，这表明你对孩子的要求和约束不够坚定，在管教上缺乏清晰明确的规矩，也没能贯彻实行。这样会让孩子无所适从，并且养成不听话的坏习惯。

但是，就像前一章所说的，父母也要通情理以宽容对待孩子，在下达权威指令的同时，还要顾念子女年幼无知仍在学习阶段，并且还要考虑孩子有没有特殊状况。也就是在教育子女的时候，要学习在权威和宽容当中取得平衡。

四、发挥同理心

了解孩子在不同年龄阶段有不同的成熟度，试着从孩子的角度来看事情。所谓的"同理心"是站在对方的立场而言，体会对方的感受，不是将自己的想法投射到对方的身上。也就是说，同理心是同对方的理，不是让对方同我的理。

有一位妈妈在为小孩穿外套，孩子也乖乖地穿，可是孩子一脸疑惑地问："妈妈，为什么你觉得冷，就要给我穿外套？"许多时候，家长对待子女总是想当然地认为，自己怎样做都是对孩子好，却没问过孩子的真实感受，这不是同理心。

讲到穿衣服，如果我们观察一下，老外的小孩就没有华人的小孩穿得那么多。很多华人因为小时候穿太多衣服，长大后自身不会调节体温，一定要靠衣服来调节。我就是一个很怕冷的人，天气一变冷就需要穿上很多衣服，但还是不觉得温暖，就是因为从小被"捂"惯了。

父母同理心

以下我们将孩子按年龄分成三个阶段：1至3岁、4至7岁及8至12岁，分别探讨他们在不同年龄阶段的情绪成熟度，以及父母可根据孩子不一样的成熟度而做的教导。

一、1至3岁：发展感觉，探究自主权

许多人听过"麻烦的两岁"（Trouble Two）这个说法，因为这个小叛逆时期的孩子，遇到任何事都说"不"，这样也不要，那样也不行，经常很不合作。在这个时期，父母要学习给孩子选择的权力。

例如，家长若讲"今天很冷，你一定要穿夹克"，孩子可能会

回答"不要"。但是若家长换个方式说："今天你想穿夹克，还是想穿毛衣？"孩子可能就会二选一。这是让孩子有选择，使他感觉自己有一点自主掌控的权利，就较不会凡事唱反调了。

这阶段的孩子的思考形态是以自我为中心的，一般他只有三个规则：当他看见一件物品，只要想要就是他的；若是物品本是别人的，只要他想要，也就变成是他的；他的东西，就算送人了，永远还是他的。

两个两岁多的男孩一起玩，孩子中的一位妈妈，对自己的儿子说："你有好几辆小汽车玩具，送一辆给这个小朋友，好不好？"没想到孩子真的就把玩具给了另一个孩子。妈妈喜出望外，以为孩子学会分享了。没想到，过一会儿要回家时，孩子就要把玩具要回来。这时对方不肯还，两位妈妈就忙着解释，一位就说："你已经把玩具送给别人了，就不能够再拿回来了。"另一位就说："人家只是借你玩，现在需要还给人。"问题是，这两位小朋友都听不明白大人的意思，全哭得不成样子。

这并不是因为孩子自私，而是因为他们还没有分享的概念。家长这个时候就要懂得小孩的内心感受，并用语言描述出来："你很伤心，想要回这个玩具。你认为这个东西是你的，对不对？"当父母能理解孩子的愤怒、失望和痛苦的情绪时，孩子就较能安静下来。

父母也要给孩子灌输轮流分享的观念，就是现在由你来玩，一会儿让下一个小朋友玩，然后再轮到自己玩的观念。父母也要注意观察，若是看到孩子有哪怕是最轻微的分享倾向，也要赶快赞扬并鼓励。

为了减少纷争，这个阶段的孩子，还是各玩各的游戏比较好，最好是河水不犯井水。若是有别家的小朋友要过来家中玩，最好事先警告孩子会发生的事，并且让他选择要不要分享玩具。若有不想分享的玩具，就要事先把玩具收起来，这样可以提供孩子掌控权，让他自己做出决定与选择。

二、4至7岁：发展处理情绪的技巧，学习抑制不当行为

一般来讲，这个阶段的孩子虽然已学会遵从父母的规则，抑制不当的行为，而且也有了分享与轮流的观念，但是基本上还不会处理两人以上的社交关系。所以会发现孩子一会儿只跟这个玩，一会儿又只跟另一个玩。家长会很不好意思，于是会告诫孩子说，不可以冷落其他小朋友，要跟每一个人玩。有些父母甚至为自己的孩子打抱不平，对别人家的孩子排挤自己的孩子感到气愤又难过。其实事实并非如此，孩子可能会先跟一位小朋友一起玩，不让另一位小朋友加入，但是很快就可能再换搭档。家长可以提醒孩子在拒绝时要说清楚："我现在先跟某某玩，稍后我们再一起玩。"

这时期的孩子开始察觉到父母不能完全了解他们，也发现自己的脆弱。而且他们想做的事又有许多做不到，所以会害怕黑暗、做噩梦、产生无力的恐惧感等。特别是有些父母经常对孩子说："你要是不听话，我就不喜欢你，不爱你了。"这样的话暗示爱是有条件的，容易使孩子的情绪受伤，会有被遗弃的恐惧。希望家长通过不断地学习，能给予孩子无条件的爱，而不是有条件的爱。

三、8至12岁：不惜代价避免尴尬

孩子到这个阶段，很怕被挖苦和嘲笑，所以会不惜代价避免尴尬。有一次，我家的小女儿因被爸爸责备，上车后哭过的眼睛还红红的，但就在来到学校门口下车前，只见她赶快将眼泪鼻涕擦干，换了另一副面孔才下车。这是因为，这个年纪的孩子已经很在乎别人对自己的看法了。

发展得好的孩子，这时已经学会解读社交暗示，注意到自己与别人的不同情绪了。若是在家中，父母对孩子的情绪视若无睹，或者不断地压抑孩子的情绪，孩子就会学习"情绪切除"，也就是完全不表达情绪。例如，当孩子对你说，他的朋友小龙会嘲笑他时，父母要先肯定与了解孩子的情绪，听听孩子的心声。切不可站在别人那边说："不会吧，小龙这么乖，怎么可能？大概是你不好吧！"这样只会导致孩子不想与你交流，因为他觉得你并不了解他的感受。

有一句俗话说："4岁的孩子，你没有办法让他闭嘴；14岁的孩子，你却没有办法让他开口。"在这短短的十年间，到底发生了什么事情，会让孩子从叽叽喳喳讲个不停变成闭口不言？其实孩子的改变，早在8至12岁期间就已经开始，他也知道到底你懂不懂得他的情绪。如果家长的表现使子女感觉不被在乎及尊重，渐渐地子女也就不再想与家长沟通了。

成长永不嫌晚

上面我们谈到，幼儿早期是孩子智商（IQ）和情商（EQ）发

展的关键时期。然而很多家长都是在孩子2岁以后才来上亲子课程。于是许多父母很担心,假若过去错误已经造成,如今还能弥补吗?的确,最理想的亲子课程学习时间,应该是在孩子还没出生之前。因为教育正确与否会影响孩子的一生,虽然晚一点才学习可能会错过一些时机,但是成长永不嫌晚!因为有了知识,会使家长对现今孩子的行为更有洞见,也就不会过度责怪子女,对以后的亲子互动也有好处。

诚实的错误

每一个正常的父母都在用自己所了解的最好方式在养育孩子,不会故意害子女。有时,家长所犯的错误属于"诚实的错误",而这种错误是任何人都可能会犯的。

有一年我们全家去露营,营帐搭好之后,就去附近捡木头回来准备烧营火用。第二天起来天色尚早,天气阴冷,我们就开始烧营火取暖。当我们在那里兴高采烈地围着营火取暖的时候,正好看见远处有公园管理员开着巡逻车到处查看。于是我们很友善地跟他打招呼并说"早安",没想到他居然停下车来,朝着我们走过来,并向我们说,这个美国国家公园的营地是不准捡附近的木头来烧营火的,要烧营火,需要去便利商店买外面的木材才行(我们之前去过的营地,都可以捡拾附近的木头回来烧营火)。另外,这个营地有烧营火的时间限制,只能在晚上特定时间内,白天是不准烧的。

结果,我们一连触犯两项规定。管理员说,他应该要给我们开两张罚单。我们听了笑容全僵在那里，正不知如何是好时，管理员又说："不过，我想你们根本不知道这些规定，不然你们肯定不会大张旗鼓地向我招手，好像怕我没看见你们，也不会将捡来的木头大咧咧地放在明显的地方。"他继续说，他知道我们是犯了"诚实的错误"，于是就原谅了我们。只要求我们将营火熄灭，木头放回原地就行了。

对孩子的行为要有洞察力

在我生下老大不久，一位小儿科医生对我说，若要养成孩子的独立性，小婴儿就应跟父母分房睡。我一听就立刻想到自己可以没有独立性，我的孩子可不能没有。所以回家后二话不说就将当时只有几个月大的女儿搬到隔壁房间，让她自己单独睡一间房。

第一个晚上，女儿在她的房间里哭了40分钟，直到累了才睡着。当时的我并不了解每一个孩子的情况有所不同，不能一概而论。甚至看到育婴书籍要求母亲不能进去拍或抱孩子，而我也就真的在她房门外面不敢进去，只是我在房门外也肝肠寸断，跟着她一起哭，以为这样就真的能锻炼孩子的独立性。其实并不尽然，我的大女儿对于"安全感"的反应较敏感，在她需要我的时候，我却没有安慰她，使得她长大之后的性格变得更加内向，更怕与陌生人接触。

老二出生后，我仍早早就将他搬到隔壁，与小姐姐同一间房，只是老二身体不好，经常生病。有一次我半夜起床看后挡不住自己的困意，就将他抱到我的床上，好就近照顾。第二天清晨，当我眼睛一张开，看见他纯真安详的脸庞，圆润的手指，细致可爱的小身躯，如天使般在我眼前，才知道我错失了多少当母亲的欢欣喜悦和美妙时刻。幡然醒悟之后，我将老二的小床搬过来与我同一房间，从此更加享受育儿之乐。我并不是鼓励大家都要与婴儿时期的孩子一起睡，只是想提醒爸妈们，要会判断孩子的特性，视情况而定。

当然，有一些极端的例子，如有些家长让孩子跟自己一起睡到十五六岁，这样真的就会伤到孩子的独立性。我认为2至4岁左右，孩子开始上幼儿园时，就差不多是独立分房的好时机。

当幼儿没有得到很好的安慰与关照时，会影响到将来与他人的互动。就像我的大女儿在长大以后就不是那么容易与人有亲密关系，因为在她年幼需要我的时候，我没有满足她的安全感需求，所以她的亲子依附型态属于逃避型。

有一年，我与先生去参加一个不能带孩子参加的夫妻营会。我在营会当中打电话回家，两个年龄小的孩子欢天喜地地抢着要讲电话，只有大女儿没有过来。我与两个小的讲过话后，坚持要小的去找大姐来听电话。当大女儿拿起听筒时，我想到是自己过去的错误造成了她今天的退缩心理，当然没有责问她为什么没来听电话。只是不断地告诉她，我如何想念她以及爱她。回家之后，还刻意找时间单独与她相处，并因自己当初的失当再次请求她的宽恕。

由于我过去所犯的错误使得大女儿在社交与智力上成熟得较慢，但是在我意识到这个问题之后，我没有错上加错，反而能不断领悟与学习并辅助孩子后天的成长。我的大女儿在上小学4年级的时候，心智好像突然开窍了一般，尤其当她了解到父母对她的关爱后，从此也就更加健康地成长起来了。

　　父母们需要在知识和见识上多多积累，才能分辨是非，爱心才能有根有基。父母是需要随着孩子一起成长的，不断地以真理为基础，持续学习，才能懂得分辨知识正确与否，才能更称职地承担为父为母的重大责任！

全人成长之一：智慧成长

智慧的增长
主要通过知识教育、学习动机、
解决问题的能力、理财智慧
四方面的学习来进行

全人成长包括四方面：智能、健康、灵性、情绪。智能方面是IQ（Intelligent Quotient），身体的健康方面是HQ（Health Quotient），灵性方面是SQ（Spiritual Quotient），情绪方面是EQ（Emotional Quotient）。不管冠上什么样的新名词，这四个角度构成一个人的全方位成长，也就是全人成长，是聪明的父母在养育健全孩子时需要注意均衡发展的主要方面。我们将在接下来的4章针对这四种成长一一展开讨论。

以下将智慧成长分成知识教育、学习动机、解决问题的能力及理财智慧。

知识教育

首先是知识教育的增长，这对很多家长来说并不陌生。教育对一个人的影响是潜移默化的，所谓"三日不读书，则面目可憎"。并且，我们的知识领域将决定我们的活动范围，因为我们只能做自己知道的事。假若我们知道的不多，所能做的也很有限。

父母应从孩子学龄前就经常与他们一起朗读儿童书和诗歌，经常带孩子去图书馆对孩子的脑力发展也很有助益。当然，父母要以身作则，建立阅读习惯，使子女有榜样可循。不要只叫孩子读书，自己空闲时却从不看书而是守着电视机。孩童上学之后，要帮助孩子建立规律的生活作息习惯，并与孩子的任课老师固定约谈，以增进彼此的了解与合作。

学校里有各种各样的考试，每个孩子在求学过程中都需要身经百战。家长可以帮助子女学习各种准备考试的方法。在孩子备考复习时，写下重点或以图片加强视觉上的记忆，效果会更好。在考试出现选择题的时候，以"消去法"进行合理削减，用"推理法"选出合适的答案等，都可以帮助孩子掌握学习要领，提高学习效果。

读书需要用脑，帮助孩子双脑并用，可以提高孩子的创造力及思考力。左脑属于理性分析部分，诸如语言、逻辑、数学及科学都使用左脑；而右脑则管直觉与创作，举凡艺术、音乐、想象力及情绪都用到右脑。父母们可以在这两大类别上，有系统地训练孩子，促进的智力发展。

许多研究都发现，经常欣赏艺术品和古典音乐，能有效激发孩子的聪明才智。也有研究发现，考试前若让孩子听听古典音乐，孩子的分数居然会比平时高好几分。这些都是对左右脑的刺激方法，可以增进学习能力的研究。除此之外，户外的学习经验也非常有帮助。带子女去参观博物馆、逛植物园或拜访附近的大专院校，不但增长见闻与知识，更是有趣的亲子活动。

另外值得提醒的是，不要走到另一个极端。近年来有许多家长将孩子每天的时间都排满了，诸如学习乐器、绘画、运动、练习写作、学科补习等，周而复始下来，不只孩子疲于奔命，父母也累到不行。

其实孩子需要有一些自由时间，以启发他们的想象力及创造力。更何况每天都奔波赶场，没有时间建立亲密亲子关系，大大降低了孩子成长所需的安全感。某科研机构专门对美国八年级的学生做专题调查，发现孩子在家中与家长的沟通和关系良好与否，直接影响到孩子在学校的学习成绩。

激发学习动力

许多家长觉得孩子的坚持力不够，不管学什么或做什么事，经常半途而废。其实孩子的学习动力，是需要父母有智慧地鼓励与支持，才能持久不衰的。

一、父母要多看子女的优点，并表达出来

子女的自信是从父母的眼光中建立起来的，若父母从子女小的时候就觉得孩子各方面都很好，孩子对自己便也自信满满。若父母怎么看孩子都觉得不行，这也不好，那也不好，那么孩子看自己也

就这也不行那也不行。没有自信的孩子，是不喜欢学习的孩子，因为他觉得自己一定学不好。家长应更多应用第5章讲到的"正确称赞法"，在子女付出努力、表现出良好品格时多加称赞，使孩子能发扬光大，这样才能使孩子产生更大的兴趣，对自己也更有信心。

二、要注意孩子的主动性

当孩子有哪怕一点点自觉的表现时，都要及时加以表扬。我的子女要是主动去练琴，我一定大肆称赞他们的主动性，表扬他们的成熟与进步，慢慢地孩子主动去练琴的频率就会提高。

三、将每个人的责任界线分清楚

让孩子知道做功课、学才艺等，是他自己的事，不是父母的事。有一些父母经常对孩子说："你'给我'去写功课""'给我'去练琴""'给我'去读书"……这会让孩子形成错误的观念，以为一切事都是为父母做的。再加上某些父母以孩子的成绩表现当作自己成功与否的标志，使孩子的压力更大，最终使孩子对学习兴趣索然，进而放弃学业。

还有一种现象则是家长反客为主，帮孩子代劳各种作业。有位家长看孩子做画图作业，越看越着急，干脆自己帮着画。结果没想到孩子交去的图画居然得奖了，真不知道应该是孩子去领奖，还是家长去领奖。这种"越俎代庖"式的做法还是尽量避免为好。

1. 读书是为自己读

我的子女在很小的时候就明白，读书不是为父母，而是为自己。所以每天放学吃过点心后，不必父母提醒，便会自己主动去做功课。有时若看到孩子好像在闲晃，我便问："你怎么在这里？"我的孩子回答："我做功课做得很累，想休息一下。"我会说："哇，你好棒喔！你知道累了需要休息，等一下再回去做功课时才会有好效果，真聪明，都不需要妈妈费心告诉你什么时候应该休息。你真是越来越聪明懂事，我真高兴！"这样，他们自觉会做份内该做的事情，就不需要父母操心了。

这里不是说父母对孩子的学习可以不闻不问，而是家长要清楚地让子女知道，若是他们真正遇到困难需要帮助，父母必定会全力以赴地帮忙解决问题。我儿子读高中时选修了生物课，老师要求学生去抓60只、40种活昆虫做成标本当作期末作业。当时我们住在城市里，要抓昆虫谈何容易，儿子班上的许多同学都采用买昆虫的方式了事。而我们为了儿子的作业，真可谓是南征北战、上山下海，最终找到了许多又大又漂亮的罕见昆虫物种。

2. 准时上学是孩子自己的事

我们家的3个孩子小时候有一段时间分别在不同的学校上学，各有不同的上下学时间。每天早上先生与我要催促每个孩子起床，吃早餐，出门坐车。每天就像在打仗一样紧张，有分秒必争的感觉。

直到有一天我实在受不了，想想孩子上学准时本来应该是孩子作为学生的责任，父母的责任只是将早餐准备好，开车搭载孩子上学。于是将孩子们叫来，开了一次家庭会议。我给孩子讲了我的想法后，希望他们自己以后能准时上学，大家讨论同意后，就开始实行。于是每个孩子各有自己的起床闹钟（若是真的时间到了还没起床，父母只会叫一次），自己主动来吃早餐。到了该出门时，他们就来告诉爸妈："现在可以走了。"从此，每天早上先生与我准备好早餐后，就可以优哉游哉地等着当司机。刚开始有几次，真的有孩子迟到了，学校还因此罚了这个孩子中午休息时间捡校园里的垃圾。我觉得这是很好的机会教育，使孩子知道要为自己的行为负责。

四、注重在努力过程中所学到的品格，不要只注重成果

许多值得学习的事，都需要付出多年的努力才能真正成功，而在这当中有许多年可能是看不到成果的，但这并不表示白费力气。父母要帮助孩子知道，在过程当中全力以赴，所锻炼的是更难能可贵的坚持力及耐力。

比如，孩子的成绩单是A、A、B、A，有些家长就会问道："这个B为什么不是A，你有没有认真读书啊？"若父母只看到B，而看不到另3个A，就表示父母根本不看重孩子的努力过程，而只注重最终的结果。但实际上，可能孩子在拿B的科目上付出得最多，不但没有被鼓励与赞赏，反而被父母质疑，那么，他下次对这个科目也就更提不起兴趣来了。

一直以来，我家遵循的规则是，只要能学到东西，并不需要一定拿A等的成绩。考卷上做错的题目，只要之后知道哪里错了，该怎么改正，能学到东西就很好。因此，我的孩子们在校成绩都还不错。

当我儿子在高中最后一年选修一门最高阶最难的西班牙语课程

时，他的学校辅导员认为他当时的成绩在毕业时领个"学业奖"应该没有问题，所以建议他不要选那门课。因为那位老师出名的严格，过去已经有好几个得奖候选人因为那门课而落选。但是他很想试试看，没想到在期末制作录像时，因为团队中有一人没有按照老师的规定，全队都得零分。结果我儿子因为那个零分，总成绩被拉下来，毕业时也就没有得到学业奖。

当时我真是义愤填膺，为儿子打抱不平，甚至想要去找老师理论。没想到儿子居然提醒并安慰我说："妈妈，你不是一直都跟我说，成绩不重要，重要的是要学到东西吗？没关系，通过这件事，我知道了以后与别人同组时，要更主动地确定组员的进度。"听到儿子这样对我说，我心中非常欣慰，赶紧称赞了他一番。

五、与孩子一起庆祝学习的机会及经验

让子女知道，有机会学习新的知识及新的经验是有趣的，应心存感恩。假若爸妈将学习当成处罚孩子的方式，例如对孩子说，"你再不听话，我就送你去上课（或去读书，去练琴等）"，那么孩子就会将学习看成是一件苦差事。聪明的父母应提醒子女，学习本身就是一种乐趣。我的3个孩子，从小就喜欢在餐桌上分享他们在学校所学到的知识及有趣的事情，他们觉得上学是一件有趣好玩的事情。而我和先生在送他们出门上学之前也都会提醒他们"Have Fun！"（好好玩！），而不是"要认真"！

记得我刚到美国读大学时，为了凑满公共科目的学分而选了政治学。我自己其实并不喜欢这个科目，选修只为应付考试，所以虽然拿了A等，可是考试结束，我就将所学的内容全部忘记了，结果

读了等于白读。本来我可以更多地掌握和了解美国的政治和立法的全面性，但当时认为读书只为混到毕业和得到一张文凭，因此没有享受到学习新知识的乐趣。所以我也经常会与孩子们分享我的遗憾。令人欣慰的是，我的孩子们都很会享受学习的乐趣。

有一次，大女儿回家告诉我，她虽然不喜欢物理化学，可是有时候这些知识也蛮有趣的。我听了很高兴，大大地称赞她说："哇！你真是好棒啊！我很欣赏你。我以前读书只为应付考试，态度不对。而你能够享受学习的乐趣，你比我同龄时聪明懂事多了，我真是以你为荣！"

父母应更有热情地与子女分享学习的喜悦。当孩子学会了九九乘法表或是美国各个州和大城市的名称，表示要背给家长听一听时，倘若家长回答说，"谁要听，你本来就应该会背的"，或是"我才懒得听那么多什么城市名称呢"，那么孩子的学习兴趣，就被父母的冷淡态度给打消了。

有一位华人家长带着孩子去学画画。老师在台上画，家长就陪在孩子身边看着孩子画。一面看就一面指责孩子说："老师不是这样画的，你应该这样画，那样画。"而同班的美国家长只把孩子送到教室后说："好好享受，好好玩。"而下课后来接孩子的时候则说："画画好玩吧？哦，画得真好！"此时这位华人家长就很鄙视，认为那个孩子还没有自己的孩子画得好，居然还被他父母评价画得好。只是，他没想到孩子在自己的不停地挑剔下，学画画的兴趣全消，并对自己说："我不会画，你比较会画，你来画吧！"

要激发孩子的学习动力，父母双方能否积极参与孩子所在学校的各种亲子活动，也很重要。华人家长很多时候认为，孩子学校的亲子活动只要父母中有一人代表参加就可以了。而美国家长则基本上是父母双方都会参加，这样不只老师知道父母关心孩子的功课，孩子也可以感受到双亲对自己的重视。

六、父亲参与很重要

事实上父亲的参与非常重要，没有人可以取代父亲的角色。很多研究发现，父亲若参与孩子的学业与日常生活，孩子的在校成绩及社交能力都会比较好。有很多爸爸认为，自己工作忙，抽不出时间去参加孩子活动。可是，我们来看看美国克林顿总统的例子，姑且不论他的政绩或个人好坏，在他出任总统期间，虽然经常公务缠身，但到了晚上他还是会抽空与当时正在读高中的女儿讨论功课，教她数学和科学。有几位父亲敢说自己比美国总统还要繁忙？起码克林顿总统在为人父亲这件事上，有值得我们学习的地方。

七、不比较

要让孩子具有充足的学习动力，还要注意不要比较。不要把自己孩子跟别人家的孩子比较，这样只会降低孩子的兴趣。人比人，气死人。若想要孩子有动力，就不要说："你怎么不像某某人。""你怎么不像你的哥哥。""你怎么就不像你的弟弟。"每个孩子都有自己的特质，只要跟自己比有进步，就值得称赞和嘉许。

想想假如有一天，孩子跟你说："你是不错，不过你怎么不像人家，陈姨贤淑又会煮菜，罗叔体面又会赚钱。"你听了会做何感想？成人不喜欢被比来比去，孩子当然也就更加不喜欢被比来比去了。

增强解决问题的能力

解决问题的能力可以帮助孩子在遇到困难时，有独立思考的能力，能分辨出应该努力的目标，通过脑力激荡寻找可行的方法，智慧地分辨衡量可行的方法，最后做出明智的决定。

一、解决问题的步骤

（1）设定目标。当一个问题或困难来到时，训练孩子找到问题中的症结点，并找出希望达成的目标是什么。

（2）寻找可行的方法。通过脑力激荡来寻找可行的方法，先不要去考虑方法好不好，而是寻找可能的方法，或询问其他人的建议。将想到的各种各样的方法写下来，越多越好。

（3）智慧评估。列出并衡量每个方法的正反后果，以智慧评估好坏结果。

（4）做明智决定。独立思考，做出最有利的决定，付诸实施。

例如，有位家长因为感觉有很长一段时间全家人没有一起行动，似乎亲子关系有点疏远了（出问题），于是决定全家人一起出游，以增进情感交流（目标）。家庭会议时，大家开始提议：去夏威夷度假，去墨西哥潜水，去钓鱼，去逛街，看电影，参观博物馆（可能的方法）。然后再逐一分别从时间上、经济上考虑，评估优缺点（评估）。之后大家一致决定参观博物馆是一个既经济又实惠，又很适合这个家庭的选择（做出明智决定），最后付诸实行。这就是解决问题的方法。

二、"不做决定"就是"决定不做"

我时常提醒家长，不要因为被问题困扰而迟迟不做决定。因为当你"不做决定"时，你其实正在做一个决定，就是"决定不做"。也就是说，你将承担不做任何事的后果，而问题仍然存在。

再举一例，孩子闷闷不乐地告诉你，她最要好的朋友最近交了个新朋友，不再跟她玩了（问题）。家长就可以依照解决问题的步骤来帮助她。首先，可以帮助孩子找出问题所在及想要达到的目标。家长发现孩子想要休息时间有同伴可以一起玩，有事情可以做，不会感觉孤单（目标）。然后，让孩子自己想想有什么可行的办法可以达到目标。孩子想不出来时，大人再给他一点提醒，比如和别的小朋友玩、结交新朋友，或自己带玩具去学校玩等（可行之法）。听听孩子对每一种方法的正面与负面想法（评估），帮助子女做最合适的决定并推动他付诸实践（明智决定）。子女有了解决问题的智慧及能力，将会大大提升她的自信心，促进心智的成长。

另外，家长要知道，在使用某一个办法时，不一定能达到预期的目标。但是这并不代表这件事情处理失败，起码我们可以得到教训，知道哪个方法并不适用，然后可以再试其他办法，直到找到合适的方法为止。

爱迪生发明电灯造福人类，但是他也因为生性乐观而被人津津乐道。有一次在记者会上，有人问他："爱迪生先生，你对你成功找到电导体之前的几千次失败，有什么话要说吗？"他反问记者："是谁告诉你，我有几千次失败的？我是成功地证明几千种材质不适合做电导体！"

理财智慧

许多家长对孩子学校的功课非常重视，以为学业就是全部。其实孩子对金钱的观念也是一种重要的智慧。让孩子学习储蓄，赚钱方法，做预算，甚至教导子女利率、债券、股票、共同基金等知识，都是重要的理财智慧。小时候我父亲经常问我身上还有没有钱，不管我说有还是没有，他都会再给一点，所以我根本没有金钱上的顾虑与观念，一直到成年还是这样。成家后管理起账目来，真可说是满脑子糊涂账。

当孩子小时，用透明罐子来储存金钱，可以让他看见钱在增加，提升理财兴趣。有老师为了鼓励孩子，准备一个透明小桶对孩子们说："你们每天表现好，老师就放几个硬币在这里面；等到这个小桶满了，我们就开一个比萨聚餐会（Pizza Party）。"孩子们很期待这个活动，看到桶里的钱一天天地增加，就都高高兴兴地配合老师。

当孩子收到礼金或红包时，可以用孩子的名字在银行开户头，与子女一起讨论要存多少现金和使用多少。父母要考虑到孩子无法预想得太远，例如，小孩子无法想象大学储蓄基金，所以不要做过于长远的打算。每隔几星期，可以使用储存款项的一部分买一样孩子想要的东西，让子女尝到一点储蓄的好处。

等孩子再长大一点，可以鼓励孩子洗车、换窗帘，或是在家照看小弟弟妹妹。这些原本要请家政人员做的事，可以让子女做，让子女来赚取零花钱。但是要提醒家长的是，不要将家中每天要做的日常家务当作让孩子赚钱的机会，如洗碗、倒垃圾等，因为家务事是家中每个人的责任，做家务也是家人互相帮助的爱的表现，孩子不应把做日常家务当作赚取零花钱的途径。

可以带着孩子一起去买东西，讨论及比较价钱、品牌，让孩子学会用最少的钱买到最好的商品，懂得排出优先次序。也可以让子女学习付钱和找钱，使孩子通过经验学习如何合理、经济地用钱。

父母若想在理财的智慧上得到更多的启迪，可以阅读罗伯特·清崎（Robert T. Kiyosaki）所写的畅销书《富爸爸穷爸爸》。此书中讲到，作者的爸爸尽管有很高的学历、良好的工作与较高的收入，却不懂得理财。他把所有的金钱都用在买大房子、好车子，以及度假享受上面，直到把钱花光，所以作者认为自己的父亲是一个穷爸爸。另一位父亲是作者好朋友的爸爸，懂得理财，知道开源节流让钱生钱，并且从小就教导孩子要如何理财，作者认为这样的爸爸才是一个富爸爸。事实上这位作者的好朋友，因为自己的父亲从小对他耳提面命，如今已成为夏威夷州的首富。

本以为好好读书将来上好大学，找一份好工作，就能自立，并可养家糊口，原来智慧增长蕴含着如此多的奥秘在其中。因此，父母不仅仅要督促孩子学习书本上的知识，还要强化孩子的学习能力，刺激孩子的学习动力，训练孩子解决问题的能力，给孩子灌输理财观念，孩子才能在智慧上全面增长。

全人成长之二：生理成长

生理健全发展包括：
健康饮食、卫生习惯、有规律的运动及休息、
正确的性教育与性观念。
父母若在子女幼年时提供健全的生理常识，
孩子将一生受益无穷！

生理健全发展包括健康饮食、卫生习惯、有规律的运动和休息，以及正确的性教育与观念。父母要在孩子幼年时向其传授健全的生理常识，孩子将一生受益无穷。

健康饮食

前面提过孩子有两个快速成长期，一个是婴儿期，另一个是青少年期。在这两个时期若营养不均衡，将对孩子的生理及智慧发展产生很大的影响。然而，这并不是说其他的时期就不重要，其实父

母应从子女小时候，就注意培养孩子良好的饮食习惯。比如，早餐很重要，早晨没吃早餐就上学，不仅体力不足，连脑力都会缺乏。

我小时候总觉得一早起床没有胃口吃东西，所以不喜欢吃早餐。后来就发现不吃早餐上课精神很难集中，脑子一直昏昏沉沉，直到下午才会清醒过来。其实是因为没有吃早餐，身体和大脑营养供应不足。当然，凡事都有例外，有人一辈子没吃过早餐，身体也没有出现大的问题，只是这样的人毕竟是少数。均衡的饮食对子女生理发育有相当大的影响，现代的有些家长为了省事，经常让孩子以快餐充饥，这是不对的，因为快餐的营养不够，不利于孩子的成长。

我曾有一段时间，因为小儿科医生建议让孩子游泳以改变体弱多病的体质，于是风雨无阻、坚持天天带孩子去学游泳。故此，孩子一放学就直奔游泳池，每次游完泳孩子总是饥肠辘辘。当时的我总是随便准备一些现成的零食，像薯片、果汁、汽水等，也就是高脂肪、高糖的垃圾食品给孩子吃。没过多久，我家的老大就像吹气球一样，体重直线上升。而且一旦胃口养大又胖起来，想要缩小变瘦就不是件容易的事。当她看到弟弟妹妹都在吃东西，就很难忍得住嘴。每次她想吃，我就阻止，弄得她就用眼睛瞪着我。那时我只好陪着她也少吃一些，花了几年的时间才帮助老大恢复正常体重。

现代的孩子有不少体重过重的现象，得儿童肥胖症及儿童糖尿病的孩子也比较多。假若你的子女有这样的倾向，应提供低卡路里的餐饮及鼓励孩子做有规律的运动，达到减肥效果。

一、营养补给品

没有添加激素、抗生素、农药等的食物是较好的选择。有研究显示，市场上的牛奶、鸡蛋及肉类等为了提高产量，在养殖过程中加上了许多添加物，久而久之，这些添加物在孩子身体内累积，对孩子的健康会产生不好的影响。近几年就有发现，越来越多的小女孩在小学五六年级就已经来了例假，小小的年纪就要学习处理月经是件很不方便的事。不过现在市面上逐渐流行有机食品，虽然稍微贵一些，却也值得父母考虑。另外，营养补充剂及维生素也是值得父母给孩子补充的营养品。

二、父母子女一同就餐

很有趣的是，有调查发现，子女与父母一同就餐（多指晚餐），孩子的身体就比较健康，人际关系较好，甚至在学校的成绩也较好。这是蛮有道理的。若孩子挑食只吃肉，爸妈应鼓励孩子多吃些青菜；若孩子只吃素菜不吃肉，爸妈应鼓励孩子也要吃些肉类等富含蛋白质的食物。如此一来，子女的饮食较均衡，当然身体就比较好。身体好，大脑发育就好，学校成绩也跟着好。而在餐桌上与父母有良好的互动，学习与人相处，人际关系也自然会有进步。

三、饿了就会吃

有位家长抱怨说，他家的小孩吃一餐饭，常常需要3个小时，喂一口含在嘴巴里，就需要跑跑玩玩，过许久才再吃一口。实在是很难想象，这个孩子一天三餐下来，他这一天的大部分时间都在吃饭，而这位家长则大部分时间都在小孩后面追着喂饭。那位家长这么做，是因为他认为他的孩子实在是太瘦了，不喂不行。事实上，肚子饿了需要吃东西是人的本能，孩子饿了就会吃，并不需要这样追着孩子喂饭。想想看，一餐饭吃上3个钟头，刚吃完上一餐，还没有饿，就又要吃下一餐了，难怪他不想吃。

我家的老三从生下来就身材娇小，不仅这样，她的食欲也小，像猫咪一样吃得少。只是我也不逼她，随她自己吃，在合理的时间内若是没有吃完就会收起来，等下一个用餐时间才会有食物吃。特别是在她上一顿的正餐没有吃完后与下一顿之间，必定不能有零食。她的身材较娇小，很有可能是父亲那方的家族遗传。而她尽管瘦，却还是健康的，智力发育也不错，没必要过度担心。更何况我们家吃饭的时间是增进一家人感情的好时光，总是轻松欢乐，轮流讲笑话。我当然也就不会为了孩子少吃了一口饭，闹得大家不愉快。

建立良好的卫生习惯

12岁以下是建立良好生活习惯的黄金时期，所以要好好把握。清洁盥洗、牙齿保健及个人房间整理等，都是儿童时期教育内容的重点。许多时候父母以为孩子应该懂得我们的意思，所以就经常只给指示，而没有明确教导（第3章的重点内容），亲子之间就可能产生认知上的落差。卫生保健是习惯养成，孩子不懂得你的要求和对干净的标准时，需要家长耐心地教导，直到孩子明白。

我看见我家的孩子们刷牙总是刷得不够久，总是刷几秒钟就草草了事，于是买了一个两分钟的沙漏放在孩子的盥洗室，让孩子可以看着沙漏刷牙，如此刷牙的时间才有保证。讲到刷牙，我很喜欢提到我先生的成功例子。我们刚结婚的时候，发现先生经常拿着一罐"治齿水"治疗他会痛的牙齿。我很好奇，就问他为什么会经常牙疼，他赶紧解释说他们家族从祖辈到父辈都牙齿不好，可能是遗传性的牙痛顽疾。可是我后来才发现，他刷牙只用30秒，时间太短，根本就没有刷干净，当然会牙疼。于是我要求他站在我旁边，学我刷牙的做法。我刷多久，刷哪里及怎么刷，都要求他学着我的样子做。从此以后，至今二十多年，先生的牙齿就没有再犯过牙痛。

关于盥洗卫生，男孩与女孩要注意的事项有些不同，父亲可以与儿子沟通，母亲可以针对女性的不同与女儿分享。特别是现代女孩子的月经比过去提早许多，母亲在女儿自身清洁及处理月事这方面的教导责无旁贷。

有规律的运动及休息

想要保持身体的强健，运动与休息都很重要。有规律的运动不只对身体保健重要，甚至对情绪健康也大有帮助。大家也许听过运动上瘾的说法，也就是说习惯运动后突然停止，会使人感觉全身不对劲。这与毒品上瘾有一点相似，非法毒品之所以有人喜欢，是因为在服用后会使人脑内大量释放快乐因子，所以会有飘飘然的感觉，忘却烦恼。然而，毒品有致命的害处，是千万不能尝试的，一定要远离毒品。

研究显示，有规律的运动会调节身体，使脑内自然产生快乐因子，所以人的心情会较开朗与稳定，身体也就健康状况良好。过去我很不喜欢运动，上体育课时我总是找借口不去，结果自己每天都有点不高兴，身体也就不是那么好。其实就算是没有运动细胞的人也需要运动，如快步走、慢跑、有氧体操、艺术体操都很好，只要每天运动半小时以上，就能保持身体的健康。与孩子一起培养运动习惯，可以让他终身受用。

孩子幼小时，带他们接触各式的球类，让他们找到自己最喜欢的运动方式。这样，当子女进入青少年期，就有可能将过多的精力通过适当的运动方式发泄出来，不会因为没事做而整天玩电玩，或为找寻刺激做一些危险的事。

有规律的休息对健康的作用自然不在话下。在实验室中，故意剥夺老鼠的睡眠，没过几天老鼠的毛就掉得光光的，一个多星期后就死了，可见休息的重要性。

正确的性教育及性观念

许多父母不知道什么年纪是对孩子进行性教育的合适时机，其实，只要孩子察觉到男女的构造不同就可以进行教导了。比如3岁的孩子发现，有人在如厕时居然与自己姿势不一样，这时就可以告诉孩子男女生理构造的不同。所以，从3岁左右就可以根据孩子的理解能力，适当地向孩子解释男女生理特征的差异。

假如3至5岁的孩子问你他是怎么来的，你也不必从人体的完整生理构造讲起，因为若说一大堆生理原理，孩子可能会发出疑问："妈妈，我是你生的吗？"而要按照孩子的年龄及成熟度所能够接受的信息，来适当教导。不必给过多的信息，以免他无法理解与消化。

现在的孩子从网络、书报、广告、电视媒体等途经，早早就已接触到各式各样的性暗示和不正确的性观念，与其让孩子自己摸索，还不如提前教给孩子正确的性知识。

曾有一个妈妈，她的7岁大的孩子放学回家后说要上网看东西，不要妈妈干预，母亲因为正在忙着做饭，就随口答应。事后想想还是上网去了解一下到底孩子在看什么，没想到居然是黄色的淫秽卡通网站。妈妈一气之下，不管孩子已经上床睡觉，气急败坏地把孩子叫醒，质问他为什么上这样的网站。孩子却还理直气壮地辩解说："不是讲好你不可以看的么？"后来发现是孩子同学的哥哥给的网址，所以应该对孩子早一点进行性教育。

一般来讲，3到5岁，6到8岁，9到11岁的孩子对性教育各有不同的理解程度和不一样的好奇心，家长可以到图书馆寻找这方面的书籍来辅助教导。这类书籍有些是子女与父母一起看的，有些是给父母看的，有些是孩子自己可以看的。如果父母不教，那么电影、电视、黄色刊物及网站会误导孩子们，使他们得到片面又不正确的观念，形成不好的影响。而正确的性观念及知识，在青春前期就已经非常重要。

一、女孩生理

男女生理成长速度不同。女孩在11岁左右就会进入青春前期，头发容易油腻，也开始有体味出现。有些父母不了解孩子的生理变化，反而错怪孩子没有好好洗头洗澡。接下来，女孩子脸上可能会长青春痘，然后乳房变大，体毛出现，最后月经来潮。此时母亲对待月经的态度，会影响女儿对自己的看法。过去，月经被视为不洁净又麻烦的事，甚至母亲还会对女儿说："从此以后你就没有好日子过了，每个月都要有麻烦。"因而女孩对这每个月都需要面对的事，几乎羞于启齿，这样的负面观念和看法会使孩子很不安。

上天造人是奇妙与美好的。女孩有月经之后，就进入一个崭新的历程——女人期，此时身体加速成熟，为扮演将来的角色做准备，为有朝一日孕育婴儿、成为母亲打下基础。笔者知道有些有智慧的母亲，当女儿生理成熟开始有月事时，会外出吃饭庆祝一番或买礼物送给女儿，以祝贺她的健康成长，让她知道这不是一件羞耻的事，反而是一件值得庆祝的事。

二、男孩生理

男孩在13岁左右进入青春前期，除了头发油腻、有体味及长青春痘之外，他们稚嫩的童音不见，取而代之的是低沉、富有磁性的声音。另外，体毛出现，性器官增大，也会开始有梦遗及手淫现象。父母要更多地了解孩子生理成长的特征，才能对孩子有帮助。

然而男孩没有像女孩的月经这么明显的转折点，笔者建议父母要仔细观察，腋窝下的第一根毛或是第一次刮胡子，都可以成为一个欢庆成长的里程碑。如果家长与孩子关系密切，孩子就会与你分享他成长的喜悦。有一天，我那读初中的儿子，兴奋地高举起手臂，让我看他的腋窝，仔细查看之下，原来长了一根毛。于是我们带儿子去他喜爱的餐馆去吃了一顿，庆贺他的成长。

记得我的每个孩子到青春前期时，身上都会开始散发体味，我去学校接他们时，都会把车窗和冷气开到最大。孩子们就会有点不好意思地问："真的有那么臭吗？"我就会笑着说，是真的"好"臭，是正常的，也是"好"的臭，这证明他们的身体正在成长。

有些男孩子在青少年前期，身体开始快速成长，睡觉时还会痛醒，有所谓的"成长之痛"。那么，做父母的就需要为孩子准备关于孩子这个年龄阶段成长发育的书籍，不然孩子会感到茫然不知所措，这里痛，那里痛的，还自以为得了什么不治之症。

三、机会教育

至于结交异性朋友的原则，也应在青少年前期就要教育，不要等到孩子已经要出门约会了，才长篇大论或匆匆提醒。许多家长纷纷表示，现在的孩子好像尚未进入青春期，就已经对异性产生兴趣了。有的孩子在小学的时候就会问："爸爸，你什么时候开始对异性产生兴趣？"当孩子问到这样的问题时，家长要如何回答？可不要义正严词地说："你还小，不可以喜欢这个、喜欢那个的，只能好好读书。你的任务就是学习，你给我专心读书，什么都不可以想。"虽然父母这样说的用意是好的，希望孩子用功上进，但是却忽略这是孩子正常的好奇与倾向。当孩子问这样的问题时，父母的态度与反应很重要。若是父母一味反对，并且断然否定，那么很可能孩子再也不会告诉你他喜欢谁，而且以后"明着不行就来暗的"，根本就不让你知道。

当我的女儿问我这样的问题的时候，我的本能反应是担心，但是我清楚地知道，若自己大惊小怪，肯定会把她吓坏。所以我先来一次深呼吸使自己冷静下来，然后老老实实地说："对啊，我小时候也曾觉得某个小男孩很可爱。"她就告诉我，她在学校看到一个很可爱的男孩子。于是我们约好，等我去接她放学的时候她指给我看是谁。当然我也就有机会让女儿知道，这是稚嫩的喜欢，是一种好奇，并不是真正的爱情。

在小学时期，当看到电影或电视里"男女随便上床"的行为，就要把握机会教育，让孩子知道这是不对的事情。我在子女青少年前期选择了几本有关贞洁、性教育及约会的书给他们阅读，然后与他们一起讨论书中的内容。这对日后孩子们的成长，真正走进青春期的心理准备，有很大的帮助。

我的大女儿在读高中时，有一次我们母女俩去南加州，在一个很大的购物中心附近的旅馆租了一间房。那天我们逛街购物，吃东西，直到晚上才回去。全程都是在讨论她所看的关于守贞与约会的书籍，当时我就对她说："你马上就要长成年轻的女孩，会喜欢男孩，也会有人来追求，我希望能与你保持美好的关系。不管你在交往过程中碰到什么难题，我都愿意与你像好朋友一样一起讨论，乐意给你一些建议和经验。"最后我们一起祷告才结束。整个过程是如此美妙，让亲子之间针对异性交友的议题，给孩子正确的方向与指引。

讲述以上经历，并不是要大家一定要照着去做。很多人以为既然是专家所讲的方法，就要如法炮制，但并非如此。你要成为观察者，在孩子的成长过程中找出适合你和你孩子的沟通方法并不断修正，目的就是使你的孩子能够健康地成长。

全人成长之三：灵性成长

父母是子女的导师，
要积极当好子女世界观念的守门人。

父母影响子女的价值观

父母是孩子的监护人，但是许多时候，有些父母展示给子女的就是惩罚、批评、翻旧账、定罪、贬损、不饶恕等各种负面的形象。

孩子总是在自己的父母身边观察着，观察父母如何跟自己的祖父母、跟朋友相处，怎样待人接物。想想过去你可能对自己父母的做法不以为然，而说过："我不喜欢他们这样，我将来长大绝对不要像他们一样。"可是事实上，等你长大了，你不仅仅跟你的父母言行举止很像，而且还会越来越像。"原生家庭"（小时的家庭）对孩子的成长有直接影响，并且其影响是非常之大的。父母对人、对社会、对世界的关心或是漠不关心，孩子看在眼里，便会在潜移默化中成长为像自己的父母一般的人，最终成为自己父母的翻版。

以下分成四部分，即父母的脾气、夫妻关系、父母对孩子的态度和生活安排来解释。

一、父母的脾气

我们的言谈举止，是温柔善良、恩慈、包容，还是以自我为中心？是每天积极乐观，还是整天忧愁挂虑？是越来越有耐心；还是火爆脾气依旧，在困难中是否怨天尤人？这些生活的细节，最容易看出一个人是否有坚定的信仰和健康的心态。而我们的子女在我们身边，正张大眼睛在观察着父母的一举一动。

经常有家长这样说："我的祖宗八代都是这个样子，代代相传大声说话，而且刀子嘴豆腐心，脾气发过就算了。"于是也就名正言顺地在管教孩子时粗声大气、恶言恶语，孩子看在眼里，对父母的脾气也无能为力。有些人开车出门，假如不小心被警察开了罚单，就会说："今天真倒霉，就我被抓，别人怎么就会没事呢？"而且对于某些家长来说，自己的孩子不够好、不听话、不聪明，自己的配偶不够体贴等，都是别人的错，与自己无关。

因此，作为父母，随时要检视自己的言行，确保自己在孩子面前是一个好脾气的父母。

二、夫妻关系

丈夫要爱护妻子，妻子要尊重丈夫。

夫妻之间的关系是相敬如宾，而相敬如"冰"或是相敬如

"兵"，影响的不只是家中的气氛，更会影响到子女正确价值观的形成。许多婚姻破裂的家庭，其子女首当其冲成为父母不和的牺牲品。

有一对夫妻，太太受过良好的教育，从事高薪的职业，多才多艺，又参与许多的社会事务，看起来非常贤惠。这个家庭有一对子女，妈妈对子女尽力栽培，花了许多金钱和时间在孩子的身上。两个孩子也很优秀，琴棋书画样样都行，不仅如此，做妈妈的还非常重视孩子的品德教育。但是这个家庭有个问题，因为太太方方面面都很出色，就看不起不够成功的先生，经常在孩子们面前数落这个"没出息"的爸爸，却没有看到夫妻是需要彼此相爱和敬重的，甚至到最后，因为她发生外遇，这个家庭就一下子变得分崩离析。两个孩子原本在学校成绩优异且各方面表现出色，也积极参与社会工作，但当他们的父母婚变以后，两个孩子对生活完全丧失信心，不再去上学。从此整个家庭四分五裂，更不要讲什么家族传统的传承了。

父母相爱是给子女最好的礼物，会为子女带来无比的安全感。笔者非常鼓励夫妻能一起成长，学习如何更好地彼此关心照顾、互敬互重，一生中真正彼此相爱，而孩子必定因此受益。

三、父母对孩子的态度

家长应谨记，子女是自己生命的延续，要对子女尊重爱护。教育时，应尊重子女与自己的不同，不要动辄打骂出气，或是数落个不停，因为这样只会让亲子之间关系越来越疏远。管教时要心存宽容，也要反省自己对孩子的要求是否合理。

许多时候，家长会美其名曰："天下无不是的父母，我是为你好才管你的。"可是父母应静下心来想一想，这样做岂不是随着自己的私心私意在管教子女？是真正的对他好吗，还是为自己的面子问题？家长也是会犯错的人，怎么可以说是一个"无不是的父母"呢？

我们在对待子女的时候，是动辄重重地处罚，不许子女这样做，也不许子女那样做，还是对孩子存着一颗宽容的心，宽容孩子还不懂事，还会犯点错？要知道孩子要在家里住上至少18年才能慢慢成熟，最后独当一面。而且话说回来，达到真正成熟，是人一生的功课。

四、生活的安排

父母要有智慧地安排家庭生活，因为所从事的每一件事，都会对孩子的生命产生轻重不同的影响。

要将生活时间均衡安排，学习爱家庭、爱子女，并积极带领家庭成员参加小区里的各种活动。也就是说，父母要尽力将好行为表现在日常生活中，成为子女的好榜样。

父母若希望子女能有良好的生命价值传承，在生活的各个层面上，自己必须先做好榜样。这并不是说父母需要当完美的人，而是要当知错能改的真实的人。接下来，我们要谈谈父母除了自身的榜样之外，还有哪些注意的事项可以帮助子女的灵性成长。

父母要重视子女的灵性成长

父母要注意品格的塑造，学习感恩，爱的行动，以及建立家庭定时温馨沟通制，以帮助子女灵性成长。

一、品格的塑造

在一切平顺时，可以很容易地说我们会很快乐，很有信心，很有希望。但当患难来临时，我们还能保持乐观向上的人生态度么？因此，可以说困境才是品格真正的试金石。将这样的信念传递给子女，使他们了解逆境正是品格塑造的好环境。

父母一般都会教导孩子要诚实，但要记得对他们说："诚实不会永远都是轻松愉快的事情，很多时候，诚实会吃亏受苦。因为品格的塑造是要付出代价的；但是如果我们能坚持下去，就会获得那些值得拥有的品格，如仁爱、喜乐、和平、忍耐、恩慈、良善、信实、温柔、节制等，美好的生命果子，就会自然成型。"

面对逆境时要提醒孩子，通过努力，我们可以将看起来不好的事情变为好的事情。就如"塞翁失马，焉知非福"一般，从眼前看好像是不好的，可是从长远看，是可以往好的方面发展的。例如，孩子如果已经用功地读书，考试成绩却还是不理想，要继续帮助他。可能这孩子在读书上没有天赋，但是天无绝人之路，他还可以在其他方面有所发展。

二、学习感恩

有不少家长觉得，现在的孩子很缺乏感恩的心，好像父母为他们所做的一切都是理所当然的，所以很希望能知道如何让孩子心存感恩。然而想想看，父母对待子女也是感恩少抱怨多。

其实，养儿育女并不全是重担，也有许多的好处。从婴儿呱呱坠地起，孩子高兴父母就开心，父母因为养育子女所获得的欢欣喜乐，是不可言喻、多而又多的。孩子渐渐成大，家长也从孩子身上看见自己许多需要成长的地方。因为孩子，父母知道什么叫负责任。以前单身时想吃就吃、不饿就可以少吃一餐，如今不论如何都不能让子女饿肚子。因为孩子，父母学习更诚实。家长不小心讲了一个似乎无伤大雅的谎话，孩子马上就会揭穿你。因为孩子，父母知道若自己的坏脾气或不当行为不改的话，日后子女必定有样学样，这一切都是为人父母之后才能学到的经验和教训。

当了父母和没有当父母的人，有着本质上的差别。没有做过父母的人，讲起亲子教育就好比是纸上谈兵。我的原生家庭有5个兄弟姐妹，我排行老大；而我的母亲是她原生家庭中的幺女，不太会做家务事。故此我从小就需要负起很大的责任，并从初中开始看《育儿丛书》，到大学本科读心理学时，又特别喜欢钻研幼教。等到自己结婚生子后，才知道父母的角色比书上所说的理论，有更深的生命意义与影响。因为孩子对我的看重，使我更加懂得看重自己，也因为责任，我更加了解生活的起起伏伏。他们的存在，是对我的生命的祝福，也使我更加成熟，我很感激我的子女，并以他们为荣。

做父母要学习，为子女感恩说："上天啊！因为这个孩子，我要感谢你！因为他身上的特质，我看见了生命的智慧，开阔了我的视野，使我学习接纳和忍耐，领悟生命的真谛。"

父母也要经常让子女知道，你对他心存感恩。在言谈当中让孩子知道，他是上天给予的最珍贵的礼物。而且，家中因为有了他，得到了许多的祝福。自然而然地，子女就学会经常心存感激之心，看见别人的好处，并用言语表达出来。

三、爱的行动

孩子容易以自我为中心，只想到自己的需要。最好的方法就是带着他们以实际行动去关怀那些弱势群体，精神成长需要有爱的行动相配合。以时间、金钱和实际行动去帮助不幸的人，成为世上的爱心传播者。

许多机构有短期帮教活动向家庭开放，也有些慈善机构鼓励人们定期捐献金钱帮助第三世界的孩子，或者就近在城市里发放食物给无家可归的流浪汉，还有各式各样的其他公益活动。父母只要多加留意，就会发现有很多社会事物都需要志愿者的参与。

我曾带子女去美国邻邦墨西哥，发放食物与衣服给一个小镇上的贫民。一般会驱车不到一个钟头，就来到有难民营的地方，那里的孩子左脚与右脚穿不一样的鞋，住的窝棚是用美国人坏掉的车库门及不要的旧纸板搭成的，真是满目凄凉。也有家长说，当他们带孩子去墨西哥短期帮教回来，过海关进入美国时，他的孩子居然高唱起《上帝祝福美国》（"God Bless America"）的歌曲，因为这两地居民的生活对比实在是太明显了。

在物质丰富的条件下长大的孩子，需要父母亲自带去帮助较穷苦和不幸的人家，让他们真正了解别人物质的缺乏与生活的痛苦。我的儿子从墨西哥回来后，我想要买一双新的球鞋给他。然而当他想起在墨西哥有人左右两只脚各穿着不一样的鞋的时候，就让我不用买了，觉得自己脚上的鞋还可以再穿一阵子。当然孩子的记忆无法维持太长久，因此，过不了多久，我就带孩子再去了一次墨西哥贫民窟，以加深他们的印象。

此外，父母也可以上网参考并参与一些非营利慈善机构组织的活动。我们家就曾经通过"世界展望会"（World Vision）用金钱跨地领养一位男孩。从他两三岁开始直到16岁，我们每个月固定寄钱给这个孩子，以便购买他的生活和学习必需品。每年他也会寄一张照片和圣诞卡来简单汇报他的成长情况，我们全家人都很期待他的来信。当我在教学中分享这个案例时，还曾有位学员告诉我，她以前在台湾乡下长大，就曾接受过世界展望会的支持与供给。

另外，许多教会在圣诞节时会与"撒玛利亚救援会"（Samaritan's Purse）合作，收集鞋盒礼物。鞋盒里面装满孩子的实用小礼物，父母可以带着孩子一起购买礼物，最后统一送去给非洲的孩子们。值得提醒的是，各个慈善机构的经营方式与实际效应差别很大，家长要做一些调查研究才不会盲目地枉费资源。当家长带着子女走出自己的舒适圈，看见并了解别人的需要后，孩子们的爱心才会扎下根基，不只是言语上的空洞形式，也会对自己所处的环境感恩。

四、建立家庭定时温馨沟通制

家庭温馨沟通的习惯应从小建立，因为孩子越大，就越不容易引起他们的兴趣。所谓的家庭时刻，并不需要有太多的形式拘束，可以是书籍阅读、讨论，甚至表演，以让孩子更加积极地投入进来；也可以是读书或背书比赛，最后再由父母做简短的总结。孩童的注意力有限，时间不要拖太长，更不要让温馨沟通时间演变成说教时间，尽量让这段时间生动有趣，甚至在全家外出旅游时进行。

　　每次结束温馨沟通时，要记得彼此祝福，以建立亲密的家庭关系，不只父母为子女祝福，子女也可以祝福父母。如此，父母的心归向儿女，儿女的心归向父母，使亲子间最诚挚的祝福降临到相亲相爱的这个家。

全人成长之四：情绪成长

由于家长重视教育，华人子弟大多数都是读书高手，
但在情绪处理、与人沟通上却经常吃闷亏。
因此华人父母应该在这方面更加留意。

有人做过调查，一个人如果想在大公司中任职并得到升迁，所毕业的学校及在校成绩（智商）并不怎么重要，而一个人会不会辨认自己及别人的情绪，能不能镇定有效地处理自己的情绪和产生的问题，也就是情绪智慧（情商）更重要，畅销书《情商》（*Emotional Intelligence*）的作者丹尼尔·戈尔曼（Daniel Goleman）认为，在成功人生中智商与情商的重要性比率大约是20%比80%。

书中提到，企业经理级的人才都是可以互换的，并不受岗位和行业不同的限制，也就是说情商要比智商重要。既能管理人，又善于沟通人际关系的人，才是企业想要的经理人才。事实上，很多在美的华人子弟都是实力派，基本功很扎实，专业知识也很强，但是

一到了开会的时间就变得很沉默。相反，老外在开会时却很活跃，滔滔不绝，眉飞色舞。而老板挑选经理时，喜欢能够传达信息和统筹关系的管理人才。也就是说，我们希望孩子在学习上表现优秀还是不够的，还要帮助孩子在情绪表达上不断地进步。

情商的三种能力

一、了解自己和别人的情绪

当我们看见一个情绪正在波动的人，就问他："你在生气吗？"而他却用愤懑不平的口气回答："没有，我没生气，我才不会跟那种人生气！"这就是典型的对自己的情绪不了解的人，这样的人也就常常不会注意到其他人的情绪变化。

二、会处理自己的情绪

了解到自己有极端情绪后，还要学会正确处理自己的情绪，为自己的情绪负责，而不是把自己的情绪发泄到别人身上。我们常听到这样的话："都是你不好，才会惹我生气。"就像家长怪罪孩子不听话，所以才发怒；配偶怪罪另一半不体贴，没有照顾自己的情绪，所以才令自己生气。也就是说，要别人为自己的情绪负责。然而高情商的人会处理好自己的情绪，并自己为自己的情绪负责，自己决定自己的情绪。

三、镇定又有效地解决问题与冲突

当有负面情绪出现的时候，冲突或问题也会随之产生。一个很重要的情商能力就是，能不被情绪潮水带着起伏，很镇定地解决所有出现的问题。

由于华人家长重视教育，华人子弟大多是读书考试的高手，在名校上学时经常名列前茅，但是在情绪的处理和与人际的沟通上却经常吃闷亏，因此华人父母应该在孩子的以下方面多加关注与引导，以促使孩子情商能力的提高。

如何帮助孩子情绪成长

一、辨认情绪

当孩子哭泣时，父母就斥责孩子说："不要再哭了，哭也没有用！"当子女生气时，家长就警告孩子说："不准生气！"当孩童半夜做噩梦吓醒时，父母嫌烦就说："这世上根本就没有怪物，都是你自己乱想的，快回去睡！"这种父母不只不了解孩子的情绪，而且经常否定孩子所表达的感受，久而久之，这个孩子身上积聚的害怕的情绪没有得到适当的安抚，只好自己学习压抑情绪。从此，这个孩子学会的就是不可以表达情绪，特别是负面的痛苦或害怕情绪。

1. 压得很紧的弹簧

不幸的是，痛苦及害怕的情绪在被压抑和否定之后并不会就此消失。被压抑的负面情绪最终一定会找到发泄的渠道，就好比是没有出口的压力锅，到最后一定要爆炸；或者是压紧的弹簧，最后一触即发，随时准备反弹。于是这些负面情绪就以愤怒的方式表现出来，有时是发泄到别人身上，有时会发泄在自己身上。

怒气导向别人的情况就是：与人相处时经常带着负面的不满、怨气、不公平、愤世嫉俗态度，也可能会产生攻击性行为与暴力倾向。一般家长习惯于有区别地对待男孩与女孩的情绪。大部分家长对小女孩较有同情心，对男孩则常常会说"男儿有泪不轻弹"，男孩因此只好把情绪压抑回去。正因为男孩从小就被教导压抑情绪，情绪累积到一定程度一旦爆发，就比较容易有攻击性的行为。

另一种是不敢对别人发怒，只好将怒气导向自己，高压情绪长期在身体里面酝酿，心理影响生理，病痛就会出现。胃溃疡、高血压、偏头痛、中风，甚至癌症等，都与压抑的情绪有很大的关联性。其他症状，诸如厌食症、肥胖症、药物上瘾，甚至成人酗酒等也与此相关。长期情绪不健康，会使人忧郁沮丧，最后罹患抑郁症。抑郁症患者经常自我贬低，对环境不满，对未来失去信心。在美国抗抑郁的药物，其畅销程度仅次于心血管药，可见其存在的普遍性。据我所知，台湾地区抗抑郁的药，销量也是居高不下的；大陆虽然没有这样的数据，想必也相差不远。

有一个由医院所做的颇有意义的调查，是请护士将住院病人分成两类，分别是"难缠"与"理想"的病人。"难缠"的病人无论吃药打针必定会问："这有什么用？为什么？药效有多久？医生何时会来？下一餐吃什么？"一下子要这个，一下子又要那个。"理想"的病人则做什么都没意见，即使有焦虑与疑问也不敢问，甚至当护士按照规定做一些应做的事时，还不断向护士表示歉意。调查发现，"难缠"的病人居然平均都比没意见的"理想"的病人较早出院。原来"理想"的病人将自己的焦虑情绪压抑着，反而对健康没有帮助。总是压抑情绪，实在没有什么好处！因此应该学习如何正确地表达情绪。

2. 辨认自己的情绪

帮助孩子学会辨认自己的情绪是个好的开始。许多时候我们表达情绪的词汇很有限，通常不外乎生气（mad）、高兴（glad）、伤心（sad）三种。其实描述一般情绪的用词有好几十种，以下只列举40个词语供家长参考。

> 疲乏、忧愁、满足、无奈、挫折、欣慰、失望、尴尬、兴奋、急躁、嫉妒、担忧、恐惧、痛苦、惊吓、焦急、无聊、自卑、猜疑、快乐、羞愧、寂寞、胆怯、满意、困扰、喜乐、内疚、震惊、欣喜、挂虑、烦扰、盼望、孤单、好奇、不公平、罪恶感、困惑、沮丧、无所谓

美国有一种儿童心情脸谱图，在网上可以订购，我觉得是很好的辅助工具。我们在孩子还小的时候，每周有家庭游戏时间，其中一个我们常玩的游戏是，拿脸谱图来猜某一表情所表现的情绪。每个人轮流看着图选一个情绪表演给大家看，看的人要根据表情猜测正确情绪。每次我们都会笑得人仰马翻，眼泪都笑出来了。特别是轮到爸爸表演时，他做的每个表情都很单一与僵硬，我们几乎要猜

完所有的表情都还是猜不对。如此寓教于乐，可以使孩子们学习到更多的情绪词汇。

根据专家的意见，当我们学习用更精确的字眼来表达情绪时，对神经系统有安抚的作用，同时也就缓解了情绪。第7章提到人类的左右脑各有不同的功能，情绪感受在右脑，语言能力在左脑。情绪产生时能用言语精确表达，就是属于双脑并用。在亲子课堂上，我会让家长们两人一组，互相分享近期印象最深的情绪。彼此诉说之后，参与者都表示，尝试用更多的情绪词汇表达心情，是一种很好的情绪纾解方式。

不只要教导孩子们使用准确的情绪词汇来表示自己的情绪，还要教导他们注意自己情绪的变化。帮助孩子注意到怒气产生时的身体反应，就可以辨认怒气的来源，并提早做准备。若想要更加了解怒气及压力的处理方式，笔者有针对此题目的系列光盘课程可供参考。

二、学习同理心

帮助孩子培养同理心，可以增强孩子的社交能力与信心。"同理心"的英文是"empathy"，意思是能站在别人的角度，感同身受地体会别人的情绪。培养同理心可以提高孩子对别人的情绪及语调的敏感度，使他们能更熟练地处理人际关系。当然，要教导孩子学会同理心，父母自己一定要先做好榜样。

家长可以帮助孩子用言语说出感受，若是子女还不太会表达，父母可以帮助辨认情绪并表示了解，这就是父母同理心的表现。

当子女对你说："有同学推我，我很生气。"父母要帮助孩子辨认，找出生气背后真正的原因。例如，你生气是因为同学推你，还是因为你认为同学是"故意"推你。如此，父母可以帮助子女找到进一步的原因。正如先生回家见不到太太就会发脾气，其背后有真正的导火线。可能是工作压力的原因，也可能是饥饿感造成的，还有可能联想到过去不好的经验等。有"同理心"的人，会帮助对方找出真正的原因来。

1. 了解每个人都有闹情绪的时候

让子女知道，每个人都会有闹情绪的时候，所以与人交谈时要注意别人说话时的用语、声调和肢体语言，以辨认别人的情绪。

2. 积极倾听

在表达同理心时，父母不仅要接纳孩子的情绪、表情与肢体语言，还要专注以表示真诚，并且运用积极聆听的技巧，注意话语中的情绪，接纳以及肯定孩子的感受，因为感受没有对错之分。例如，放学时间家长太晚去接孩子，孩子被送到办公室。家长将孩子领出来后发现孩子闷闷不乐，孩子告诉家长："因为你太晚来接我，同学都走光，只剩下我一个，就感觉自己像是个没有人要的孩子！"一般父母会急着解释迟到的理由："因为高速公路塞车，所以慢了一点，你这孩子就是会胡思乱想！"这样回答是看轻孩子的感受，没有接纳孩子的情绪，没有使用同理心，孩子也就会感觉不被父母理解。

3. 感同身受

有同理心的家长能感同身受地回答："因为妈妈太晚接你，同学都走了，你感觉好像被遗弃一样，是不是？"孩子回答："是，而且，我也很担心你会不会出了什么事。""所以，你又觉得害怕被遗弃，又担心着急妈妈的安全吗？""是。"说着眼泪就跟着掉下来。此时，孩子的情绪因为被理解而得到安抚，之后家长再解释迟到的缘由，孩子就有聆听的欲望，可以听得进去。

家长面对孩子伤心失望的负面情绪时，经常会不知所措，总是急忙希望子女把情绪甩掉，或是压抑负面情绪。于是就会安慰说："好啦，不要再难过了。"然而正确的做法，应该是跟孩子谈一谈，帮助他表达与疏解内心的情绪。要是孩子暂时不想谈也没关系，可以给他一点时间，只是要让孩子知道，爸妈总是在身旁，只要他愿意讲，你们已准备好随时聆听。

沟通也要以尊重、信任的态度，平和地进行。家中对话要经常使用感激和鼓励的话语，而不用讽刺及人身攻击性的话语。诚实地表达自己的意见，注意话语中没有指责与怪罪，中肯地描述事件或问题，并信任对方也有诚意来解决问题。沟通的态度，会决定沟通的效果。

这里只能浅谈同理心及沟通的技巧，家长若想真有长进必定要在这方面有更多的涉猎。笔者有一套《沟通红绿灯》的光盘课程，专门探讨沟通专题，读者可以参考使用。

4. 处理冲突

除了学习辨认情绪，并适当处理怒气之外，也要教导子女学会处理冲突的技巧，以提高社交能力。当有问题产生或是意见不同时，有三种不同的沟通形式来处理冲突。

攻击型：其目的是要赢。为了强调自己的想法、感受与利益，就采取看轻贬低、压迫控制、指责怪罪、把别人踩在脚下的方式。这种沟通方式是很难交到好朋友的。

被动消极型：为了避免冲突而凡事退缩，一味地让步，不够尊重自己。这种方式在今天的社会也已经行不通。而且前面提到，人的情绪若是一味地压抑，没有宣泄的渠道，就会有一触即发的爆炸情况出现。

自我肯定型：尊重自己，同时也尊重别人，追求的是双赢与公平。沟通不是要争个你死我活，也不是要讨论到你错我对，而是肯定彼此的权益，这个方式才是理想的沟通方式。

在我读心理学时，曾有一次做自我肯定测验，满分是10分，而我竟然只得了2分。这就表示，过去我是个很不会自我肯定的人，不敢表达出自己的意见，又不愿全心全意地与别人合作，只会心里嘀嘀咕咕地生闷气。事实上，应当在有问题产生或意见不同时将想法表达出来，而不是压抑自己的情绪。当然，自己也要有宽广的心胸，允许别人有不同的想法。因为每个人都有许多的不同，这个世界才显得异彩纷呈。家长要当孩子的榜样，就不要以父母的权威压制孩子，而要学会接受孩子因角度不同产生的不同的想法与感受，倾听孩子的意见，在不违背大原则的前提下寻找双赢的办法。

三、学习解压方法

现代人有各式各样的生活压力，大人觉得有压力，其实小孩子也是有压力的。学业上的压力，同学之间相互对比而形成的压力，还有父母亲给的压力，都是孩子面临的压力。一家人如何排解压力是一个重要的课题。是大家一起排忧解压，彼此扶持撑腰？还是各自舔自己的伤口，独自面对？

当遇见困难与压力时，想要有健康的情绪，一定要学习良好的解压方法。当别人情绪不好时，最好的方法是询问对方是想谈一谈还是想安静一下，不要一厢情愿地将自己喜欢的关怀方式强加于别人身上。

1. 家庭活动

第8章提到，运动是一种对身体健康有益，又可降低生活压力、调解情绪的好方法。这种能使全家一起参与的解压活动，一举数得，既可解压又可增进亲子关系，何乐而不为？

不妨全家定期到公园游玩或去山上远足，亲近大自然对身心都有益。我们家很喜欢每一季度都规划一次远地旅游或露营活动，完全离开日常的城市家居生活，使每个人身心都得到放松。

我们也喜欢周末登山健行，带着孩子到附近的山区小径步行，享受上天创造的美丽世界，为生活平添许多乐趣。并且在运动的同时，也可轻松地聊学校、同学及朋友等话题，各抒己见，轻松愉快。全家每周的游戏时间也是大家缓解情绪的重要途径。另外，在每天的餐桌上，我们会轮流讲笑话，使大家的情绪得到放松。

2. 幽默感

幽默是智力的表现之一，脑筋急转弯，从不同的角度看问题，是减压的好办法。幽默感是某些人很欠缺的一个方面，但是却是享受人生不可或缺的催化剂。由于自己缺少幽默的能力，所以我在多年以前就致力于培养幽默感。全家经常到图书馆借笑话书回家看，孩子开学购买新书时，一定不会忘记买笑话书。看到好笑的故事就轮流在晚饭时间讲给大家听，我们家吃一顿饭通常都需要45分钟以上，充分享受在一起的欢乐时光。甚至孩子上高中课业繁重，也都不愿牺牲全家一起一边吃饭一边开玩笑的晚餐减压时间。

刚开始我们学习讲笑话，大家都不会讲，明明很好笑的笑话，讲出来却变得不好笑。于是我们有一条捧场家规是，只要有人讲笑话，不管好不好笑一定要笑。慢慢地全家人越练就越知道如何保留关键词句，并要留到最后作为"包袱"抖出，产生笑点。也常常注意观察和留意身边幽默的人与事，渐渐地，全家人都越来越能够幽默地看待各种事情，家中欢笑声不断，喷饭的情形几乎每天都会出现。

有些家庭规定，吃饭不准发出声音，只能默默地吃完了事；更有些家庭一边吃饭一边看电视，每个人眼睛都盯着屏幕，从没有真正享受一起用餐的机会，真是可惜！现代人忙忙碌碌，真不知什么时间才是家人彼此鼓励、打气、增进感情的好时间。

有一段时间我会在教课前先讲一个笑话，目的是吸引大家的注意力并营造轻松的课堂氛围，有的学员为了听到我讲的笑话，就一改迟到的习惯，早点来上课。事实上，专家发现，人们在轻松和心情愉快的时候，往往会有更好的学习效果。

增进社交情商

鼓励孩子结交同龄及不同年龄更好的朋友，这样可以促进他们社交能力的发展。孩子与朋友一起玩，可以从同龄人那里学习到很多东西，但如果与年长者或小弟弟妹妹在一起，就可以从不同的角度观察，得到不同的见解，对孩子的成熟很有帮助。

想结交朋友，主动真诚地关怀他人很重要。不要等着新朋友来找自己，主动过去跟别人讲话。大部分的人都希望自己是重要的，所以当我们主动去认识关怀一个人时，会使对方感觉自己很重要，自然就会对你有好感。其次，笑容不可少，美国有一句话说："没有笑容就像衣服没穿完整一样。"（"You are never fully dressed until you put on a smile."）另外，记住对方的名字对交友很有帮助。最美妙的声音就是听见自己的名字被叫出来的声音，所以记住对方的名字会使对方开心，也让对方感觉到被尊重。还有，专注聆听，鼓励对方谈论他喜欢的活动、嗜好和专长，会使对方感觉遇到知音，对你产生好感。以上几点是卡耐基（Dale Carnegie）的畅销书《如何赢得朋友与影响他人》（*How to Win Friends and Influence People*）中所提到的交友重点。此书文笔流畅、简单易读，小学五六年级的孩子就可以正常阅读。

当孩子有学习的动力，富有智慧，有强健的体魄及正确的生理观念，有健康的情绪与好的社交能力，孩子就能在智慧、生理、精神及情绪上获得全面的成长。

施压、家规与暂停

子女其实需要规则，

要使他们了解可做与不可做之间的界限。

在本章中，我们要讨论三种管教方式：

施压、家规、暂停。

前面我们已经学习了身教、明确教导、优质时间、正面注意力、正确称赞、"忽视法""先才法"这七种教育子女的方式，本章将要讨论另外三种教育方式：施压、家规及暂停。

教子有方第8招：施压

当孩子不愿服从父母的权威，叫了几次还是不听从时，就可以将更多的权威拿出来，迫使孩子遵从。

一、肢体负面注意力

不要大老远地喊叫，要将身体靠近孩子，至少要在摸得到的距离与孩子对话，家长要以自己的权威压制孩子使他顺服。

要让孩子眼睛看着你，有时孩子会故意避开父母的目光，假装没看见，所以最好是面对面且四目相对。

脸上要有冷静严肃的表情，但不要生气。

二、简单明了地表达

以冷静、低沉、简短有力、正常的声调说："现在就做！"通常父母叫孩子去做事情会叫个不停，而且喊叫声音会越来越大。孩子都很精明，会分辨家长的声调，哪种声音是已经到达极限，他都很清楚。孩子经常看爸妈生气的样子，也就习以为常、见怪不怪了，以至于子女会等到最后关头，爸妈已经气急败坏，大吼大叫时才开始行动。所以父母应一反常态，用冷静的态度让孩子知道你没有被他激怒，你还是保有冷静的思考能力的。

父母要记住，此刻不是好好解释的时间，使用施压法之前，父母照理应该已经有过"明确教导"。

不是辩论或讨论时间。孩子可能会抗议、耍赖、问为什么，千万不要被孩子牵着鼻子走，与他一搭一唱，没完没了。简短明了，不能拖泥带水。

不是寻求孩子意见的时候，不要随口说："好不好？""拜托！""OK？""Please！""Can you？"因为此时你不是要听他的意见和理由，只要他表现出顺从就行。

例如，你刚从外面回来，要把汽车开进车库，却发现孩子的自行车又挡住了你的车位。你已经跟孩子说过很多次，也确定孩子了解你的意思："自行车玩好要收回原来的位置，不能随便一丢就走掉。"然而此时，孩子正在看他最喜爱的电视节目，你叫了三次孩子都敷衍你，一下子说等广告时间，一下说再看两分钟，最后你看见他仍然纹丝不动，于是你决定要使用施压法。你走到孩子的身边，让孩子看着你，以冷静低沉带着权威的声音说："现在就做！"

三、负面后果

假如你的孩子做了你要他做的事情，一定要称赞孩子的好行为。

如果孩子还是不理会你的要求，则可以给孩子一些负面选择，如取消特权（可能是一段时间不可再看电视），或拿走玩具（可能是将自行车收起来一阵子），也可以与暂停法（下面会教的方法）合用。当然，一旦说了就应贯彻执行。

弥补过度严厉的处罚。这里要提醒家长，在气头上，父母有可能会给出过度严厉的负面选择，例如永远不能再看电视，或将自行车丢掉等。等冷静下来后，发现处罚太严厉，但为了保全面子，不愿承认自己的错误，反而向子女宣布可以将功赎罪。如此做，孩子下次不但不会把家长说的话当真，反而会一直来邀功，看家长何时会改变心意。在取得父母的原谅与同情之后，很快又会旧态复发。父母被子女操纵于股掌之中，孩子暗自得意，家长自找麻烦！

最好的方式是向孩子承认自己的错误："我气昏头了，我不应该给你如此严厉的处罚，我错了，我想我要修正我的决定。"如此，主动权还在家长的手中。父母放得下自己的面子和尊严，有勇气承认错误，才是子女生活上最好的榜样。当然家长要学习控制自己的脾气，不要一天到晚气昏头又说错话。更要记得尊重孩子，不滥用权威，面对面施压不能整天地使用，否则亲子关系就很难亲密。

教子有方第9招：家规

心理学研究发现，小学的操场有围墙与没有围墙，对孩子的行为及情绪居然有很大的影响。没有围墙的操场，孩子不太敢到离教室太远的地方玩耍，有较高的焦虑感，玩起来较不尽兴。反而有围墙的操场，孩子会玩到围墙边缘，焦虑感较低，而且都玩得很尽兴。

也就是说，孩子其实需要规则，规则可以使他们了解什么事情可做，什么事情不可做。甚至连青少年都表示希望父母有原则，不要怕被子女挑战，这样他们才能更笃定地判断是非对错。

一、开家庭会议

全家参与讨论，尊重孩子的意见，反复磋商，考虑每个人不同的需要和个性。四五岁以下的孩子还不是很了解规则的意思，所以不太合适制定家规。

二、提出原因

解释制定家规的原因，可以将父母的价值观传递给孩子，引导孩子的行为，这样，孩子因为了解原因，遵守的意愿会较高。

三、做决定

清楚地定义该做之事及不该做之事，并给家规定一个名称。例如：

家规名称：下课规则

该做之事：直接回家

不该做之事：擅自决定与朋友游荡

有一次我去学校接孩子放学却没有接到孩子，心想大概是她自己已经开始走回家了吧，于是我调转车头。但是在学校和家中的路上往返两次都没有看到孩子，此时，我的内心开始紧张起来，重新回到学校办公室也没看到孩子。这时我的心跳加快，血压升高，赶紧再开车来回找孩子。这时，我看到另一辆车也跟我一样来来回回好几次，也是找小孩的。于是我们都停下来，一问之下果然她也在找小孩。还好终于接到孩子打来的电话，说两三个小朋友临时起意想吃点心，于是径自走去快餐店买吃的东西。经过这事之后，我们家就有"下课规则"这项家规：孩子下课之后要马上回家，不能在家长不知情时擅自与朋友外出游荡；不能坐别人的车子回家；也不准擅自做主随便跟别人回家。

四、设定后果

全家参与讨论违反家规的后果，但是父母要有最后的定夺权。因为年龄小的孩子所给的自我处罚严一点，而年龄大的孩子会倾向于处罚松一点。例如，年龄小的孩子会说："我以后永远不出去玩了。"而年龄大的孩子会说："人总会有忘记的时候。"

然而笔者建议，后果不一定要在违规之前就先设定。因为违规之后设定的话，父母已经与子女一起讨论，也解释了理由，而孩子也同意遵守，子女就能够因此自我约束并努力实行。设定后果的目的，是使得孩子有机会培养自律的好习惯，而不是让孩子害怕处罚而勉强遵守。

五、称赞好行为

希望书写至此，父母已经知道，好行为不是理所当然应该发生的，应该多多鼓励和赞美，让孩子有动力继续做下去。

教子有方第10招：暂停

只要正确使用，暂停法是一个强烈又有效的处罚方式，适用于3到12岁的孩童。

一、使孩子明确知道暂停法的使用时间与目的

使用时间：当面对面施压法及家规都无效时，暂停法就可以拿出来使用。

目的：让孩子知道尊重父母，想想到底违反了什么家规，并在暂停时间过后同意去做该做的事及说抱歉的话。

二、时间适当

父母不可滥用权威，这不是让家长休息的时间，也不可使用暂

停法后忘记计算处罚孩子的时间。

基本上暂停处罚以1岁1分钟计算，最多不要超过15分钟；所以若是5岁的孩子，暂停时间就是5分钟。

假若要真的严重处罚，可以增加到1岁2分钟，但最高不超过20分钟。

家长要谨记，暂停的目的是要让子女思考自己为什么被处罚，时间拖得太久反而不好，因为孩子可能睡着，也可能玩起来，完全忘记发生了什么事，因而达不到效果。曾经有个妈妈告诉我，有一次她看见孩子独自坐在椅子上很久，她问孩子为什么坐在那里不动，孩子说："是你罚我坐的啊！"时间太久了，连家长自己都忘记了这回事情。

三、地点适当

远离吸引孩子的人、事、物，不要在电视机、电脑前执行处罚。假如家中有两个孩子同时需要"暂停"处罚，就必须把两个孩子分开进行。两个孩子若坐在一起，最后不是打起来就是一起玩起来。两个孩子最好互相之间看不见对方，只有家长能够看得见他们。

最好坐在椅子上或垫子上。我曾经看到过专门为"暂停"预备的椅子，上面就写着"暂停"。或者父母也可以准备一个小角落，放上垫子。有家长问可不可以干脆就罚站或面壁思过，我认为具体由家长自己决定，只是仍要记得，"暂停"的目的是要孩子想一想自己错在哪里，下回不要再犯，而罚站似乎与此目的无关。

注意不要造成危险。要避免将孩子关在浴室及橱柜里。曾有家长将孩子反锁在浴室或储藏室里，造成孩子后来对狭小的、黑暗的空间产生惧怕，这是不智之举。切记，暂停目的不是要吓唬孩子，不要造成孩子情绪的伤害。

四、不给任何注意力

1. 不交谈

孩子可能会说"你是坏爸爸！""不公平"等话来引起你的注意力，父母要拒绝交谈，连负面的注意力也不要给孩子。而且不要站在孩子的身旁陪着，这样反而会让他得到你的注意力。应远离孩子，用眼睛的余光监控就可以。

2. 等孩子安静下来才开始计时

可能孩子人虽坐在"暂停"椅子上，但嘴巴却又叫又喊吵闹不休。这时，家长不要跟小孩一样地大声吼叫起来，你越是冷静，孩子就越知道你是来真的。所以只要冷静地重复说："我等你安静下来才能开始计时。"

3. 贯彻实行

第一次使用暂停法，孩子可能会下意识地试验家长的坚持力。所以可能会有抵触处罚或擅自跑开的情况发生，父母要坚持把他带回来接受处罚。一定要孩子坐在那里，不能乱动、吵闹或中途开小差。有的孩子一开始暂停就说想要尿尿，而且十分钟就需要去好几次。若有这样的情况发生，最好暂停之前先去上厕所，孩子中途若再要求去，往往就是耍心眼，这时家长就可以不加理会。一定要坚持贯彻执行，言而必行。不消几次，孩子就会知道遵从父母才是上策。

有一位父亲，对犯了错的小女儿第一次使用"暂停法"时，任性难缠的女儿大哭大闹，拳打脚踢不肯就范，极尽胡搅蛮缠之事，比以前还要严重。这位父亲心里异常矛盾，不知如何是好。如果此时他一时心软，终止处罚，那么这场"短兵相接"的较量就是女儿获胜，以后父亲在女儿面前就丧失了做父亲的权威。所以使用此法时，家长要心中有数，务必要有十足的坚持力才行。

五、暂停时间到后，子女要愿意顺从及道歉

有些意志坚强并且顽固的孩子，可能在暂停时间到后还是不愿顺从父母并道歉。那么家长要让孩子知道，若不顺从，"暂停"处罚将从头再来一次。

称赞孩子愿意顺从。记得每次管教最后都要加上称赞。但要注意，不要称赞孩子"很乖地暂停"，因为这就像称赞一个人"很乖地坐牢"一样滑稽。

一个5岁的孩子不听教导，把牛奶杯子放在不该放的地方，结果杯子倒了，牛奶洒了一地。家长要孩子自己去擦干净，然而孩子不但不配合，还说这不是他的错，并且对家长大吼大叫。用过施压法没有收效之后，家长决定使用"暂停法"处罚。5分钟之后处罚结束，如果孩子说了"对不起"，并且表示愿意顺从家长的管教去清理牛奶，就要给他正确称赞："很好，我很高兴，你知道要控制自己的行为，能够安静下来，并且知道自己的态度不对及做错的地

方，也知道要顺从父母的管教，我仍然很爱你。"

但是，若孩子暂停时间过后仍然不承认错误，就要从头再来一次"暂停"。这时是孩子与家长较劲的时候，父母要拿出威严，让他知道你才是一家之主。

有人针对洒牛奶的案例发出疑问："那滩牛奶在这样的较劲中，不就早干掉了吗？是不是爸妈自己擦一擦省事多了。"没错，家长自己做又快又好，只是失掉一个管教孩子的好时机。孩子还小就撒小野，长大后就撒大野，恐怕以后就不是洒牛奶这样的小事了。父母要把握管教孩子的机会。对于年幼的孩子，不需要责打，只要懂得正确得当地使用"暂停法"就可以百试百灵。

当然还是要提醒家长，人的权威越大就越容易滥用权威。"暂停法"不要过度使用，只在偶尔必要的时候才可以用。如在孩子多次违反家规、对人非常不礼貌、乱发脾气时适当地使用，一定会收到很好的管束效果。

奖励与体罚

送礼物并不容易送得恰到好处。

本章我们要学习

利用孩子喜欢的事物奖励孩子的好行为，

并提醒为人父母者，

要谨慎拿捏体罚的尺度。

　　第4章里提到，以第4招"正面注意力法"强化孩子的某个好行为，而且暂时不用奖品，因为不能让孩子认为每次做对就有奖品。现在，第11招的奖励法则通过使用奖品，多训练孩子几项事情。不过要知道，这是一个父母拥有很强掌控性的教育方式，所以不建议经常使用。

　　细心的读者会发现，在第5招之后，教育方式中的权威性越来越大，家长要越少用越好。因为家长的权威性大，孩子相对的自主性就小。适当的管教是希望教导、培养、训练子女能自觉地做出良好行为，并不希望孩子每次都以为好行为就是要换得好物品，以致造成孩子产生较强的功利主义倾向。也就是说，如果子女对奖品的胃口变大了，在没有好东西奖赏时，他就没有动力做正确的事，这样是很不好的。但是，父母若使用得当，奖品未尝不是一个鼓励子女正确行事的好方法。

教子有方第11招：奖励法

这个办法适用于4至12岁的孩童。奖励法是以子女喜欢的事物，鼓励孩子做家长希望他每天做的事。

一、写下6项想要孩子做的事

让孩子从其中选择4项。不要全部都是父母做主，让孩子有选择权，如此较不会让孩子感觉家长在以权威下达命令。例如，家长希望孩子做的6件事情：

- 早上8:00以前铺床
- 早上8:00以前喂猫
- 下午4:00弹钢琴
- 晚上7:00倒垃圾
- 晚上8:00以前收拾书桌
- 晚上8:00以前收拾玩具

孩子选择4项：

- 早上8:00铺床
- 下午4:00弹钢琴
- 晚上8:00以前收拾书桌
- 晚上8:00以前收拾玩具

制作一张表格，将4个孩子所选择的项目填进去，每天做到的项目就可得1分，4项共4分。孩子若当天每项都做，还可以再加上额外的1分，所以每天最高可以得5分。

二、询问孩子想要的事物

吃的东西，用的物品，去的地方，玩的活动，也就是吃喝玩乐方面的都可。要记得加入一些亲子或全家活动，以增进亲子关系。许多亲子教育专家都对外出露营倍加推崇，因为在露营当中有很多相处时间。另外，有家长告诉我，她的孩子很喜欢被妈妈按摩背部，那么5分钟的按摩就是很有创意的聊天时间。还有，到父母的房间打地铺也是很有吸引力的。或者是去祖父母家或是亲戚家住一夜、全家一起去骑自行车等。只要子女喜欢，父母已认可，各种各样的点子都可成为奖励的办法。

有些人认为奖励金钱最方便实际，但我认为钱对孩子来说并不是最好的奖品，因为可能会让孩子以为凡事皆可以用金钱来衡量。最好还是激发孩子看重与家人彼此爱护的关系才好。

奖励可以是：

- 吃喝：口香糖一片、薯片一小盒、糖果、汽水、可乐、果汁、比萨、汉堡、薯条等。

- 玩乐：（与什么人一起玩）爸妈、祖父母、朋友、堂表兄妹、亲戚等。
- 活动：按摩、玩游戏、骑自行车、看电影、打电玩等。
- 外出：公园、朋友家、动物园、露营地等。
- 购物：贴纸、玩具、球鞋、书、电玩、自行车等。

三、根据孩子想要的事物，设计不同的点数

依据所需要的时间、精力及花费，从最小最易得到至最昂贵最不易得到的物品，依序排列。

确定是孩子想要的礼物，而不是家长想要孩子拥有的礼物，这样孩子才会努力实行。有家长擅自决定买百科全书当成最高奖品，结果孩子不喜欢，就失去了奖励的意义。

奖励点数表范例：

点数	奖励项目
1*	贴纸，或是口香糖一片。
3*	帮孩子按摩5分钟，或是一杯果汁。
5*	与爸爸玩15分钟的游戏。
10	半小时的电视，或是电玩。
20	睡爸妈房间，或是50元以下球鞋一双。
50	家庭游戏一个钟头，或是去祖母家过夜。
70	家庭露营，或是邀请3个朋友一起去动物园玩。

有星号的项目是每天可以得到的项目，因为孩子需要有一些马上可以得到的奖励以支持他们继续下去。

再次提醒，要确定奖励项目都是子女所喜爱的，这样才能达到奖励的目的。

四、让孩子自己决定要用多少或省多少点数

奖励，不只要激励孩子做对的事，以养成好习惯，也要让孩子学习储蓄的观念，因为每天需要加加减减。还要给孩子自我掌控的权利，让孩子自己决定每天要用多少点数、存多少点数。父母若再对孩子的努力与决定加以赞许，对提升孩子的自信心也会大有帮助。

曾有位家长的孩子，每天都将5分换成5片口香糖，到第三天妈妈看了实在受不，就骂孩子怎么这么笨。原本应是赞许孩子的决定以增进自信心，结果却变成了批评与贬损。假若父母不想要孩子每天都换某样东西，可以不将奖品放入每天可以兑换的项目，或者在奖励点数表上注明，此项目一周只能换一个。另外，孩子每天都换同样的东西，有可能是表格上的其他东西都不够吸引孩子。

不扣罚款。这点非常重要！孩子就是孩子，有时他们可能当天该做的事全做了，但是除此之外，整天都很不乖，甚至乱发脾气。父母却不可以因此就扣除孩子的点数，或是不给额外加分。家长需要学习就事论事，孩子若已经做了他该做的事，就应当得到该得的点数。这是父母说到做到、言而有信的表现。

五、意外发生，还去不去？

我喜欢举这个例子让父母思考。有一位男孩努力了2个月，终于得到最高奖励：邀请3个朋友一起去动物园玩。当天早上，4个小

男生在客厅等候，准备出发，没想到太兴奋，这男孩一不小心将落地窗给打破了。请问这时父母还要带孩子去动物园玩吗？答案可以从三个方面来思考。

第一，不去。假若家长因此就不去，也就是说孩子过去两个月的努力，因为窗子打破就被一笔勾销，那么下次家长再要孩子做什么，孩子就不会再想配合。因为孩子怎么知道他又会做出什么事惹来麻烦，前功尽弃。更何况，奖励法中也没有写明不能打破落地窗。

第二，勉强去，但一路骂人。有的家长表示，若是真的勉强去，肯定是一路骂人，没有好脸色给孩子看。如此家长所示范的是，当有人惹我发怒时，我无法控制自己的脾气，不但需要很久才能消气，更会迁怒于其他的人和事物。

第三，处理问题后，高高兴兴地出发。有智慧的父母应将窗户紧急处理后，仍快乐地出发，不仅让孩子知道父母是有信用的人，更能让自己成为孩子处理问题与情绪的好模范。

最后要再次提醒，奖励法是一种高掌控、高权威的管教方式，是靠奖品来引诱孩子有好的行为，持续不断地使用对孩子的成长并不是好事，因为容易导致子女功利主义的倾向。通常使用两个月左右，差不多在得到最高奖励后，就应该结束。这个方法的目的主要是要培养子女生活上的好习惯，并给予及时的鼓励与肯定。

聪明的家长应适可而止，当孩子拿到最高奖励时，与子女一起庆祝与嘉许他的成就，并让孩子知道奖励法是为了帮助他更负责、更成熟，而他已经做到，就可以停止奖励法了。提醒孩子为自己能坚持培养好习惯而高兴，并且你相信他还会继续保持这样的好行为。这样做可以帮助孩子内化他自己的成就。当然，爸妈仍可以将剩下的奖品不定时地拿出来鼓励孩子的好行为。

教子有方第12招：体罚

教子有方12招的最后一招是权威性最高的一招。以权威为管教方式的极致就是体罚。华人社会普遍都使用体罚管教子女，所谓的"不打不成器""棒下出孝子"，讲的就是体罚。尽管这两句话已经落伍，却仍是现实生活中的真实写照。每当上课至此，总有家长提出为什么不早点介绍这个管教方法，而要放在最后面来讲？其实这是有原因的，体罚对子女的成长有许多负面的影响，我希望父母能保留到万不得已时才使用。统计数据显示，小时候曾经被体罚的人，长大当父母后有90%也会体罚孩子。在体罚孩子时有30%的人承认会失控（真实情况可能更高），而大部分使用体罚的家长，认为体罚可以教导孩子是非对错。

然而，希望经过这12章的学习，父母们已学会许多好方法来教导孩子，而不需要再使用体罚。事实上，笔者经常问家长们，有谁小时经常被打，长大后还记得是为什么事挨打的，结果发现大部分人都不记得为何被打。反而是那些只经历过一两次挨打的人，会对当时的事件长久不忘。

一、体罚是错误的教育方式

1. 以暴力强迫别人做我要他做的事

当孩子不听话或不乖时，父母以殴打惩治孩子，迫使他就范，孩子从中学到的是，当别人不听我的话时，就可以通过打人来达到目的。

2. 教导孩子用暴力处理冲突

5岁的孩子在游乐园玩耍，旁边的孩子不让出玩具给这孩子玩，这孩子就打人。打人孩子的家长感到不好意思并且没面子，于是过去打了自己的孩子，并说："不可以打人，不然我就打你。"家长这样做，实际上就是以暴制暴处理冲突的示范。

3. 错以为是爱的表现

哥哥打妹妹，被妈妈制止并问为什么要打妹妹。哥哥回答："因为我爱她！"为什么孩子会这样回答？可因为这个家长在平常打人的时候会说："我是爱你，所以才打你；你看我只打你，没有去打别人家的孩子。"这样就为体罚冠上了美好的借口，但是却误导了孩子的判断，造成了他的错误观念。

4. 教导孩子心存侥幸

当家长对孩子说："你最好给我小心点，下次再让我发现，就打断你的腿。"潜台词就是，只要做坏事不被人知道，就会没事。所以孩子从中学到了遮掩欺骗，心存侥幸。

5. 无法学习自我约束

体罚可能很容易收效，但却无法持久，因为这只是治标，却治不了本！家长用"恐惧"来掌控子女，孩子因为害怕挨打才不敢去做某事。子女并没有真正学习到自我控制和分辨是非，一旦子女长大到家长不能够随便打的年龄时，父母就失去了影响力。或者父母不在身旁时，孩子就会有故态复萌的现象。

有位家长告诉我，他的女儿不听话时，他会凶狠地骂她。他告诉我说，他都不需要打女儿，用责骂就已经很有效，通常可以有几个星期女儿都乖乖的。这位爸爸继续说，只是不久后就要再大骂一次女儿。这位家长虽然没有动手打人，却是在用言语与情绪虐待女儿，这样的做法与体罚如出一辙。家长以责骂压制子女并不能帮助子女反省，也很难使孩子有自我约束力。

6. 愤恨易怒，自尊心较低

调查发现，小时经常被体罚的人，有许多怒气与怨恨在心中，自尊心也较低。一个家长告诉我，他自己因为从小常常被父亲一天三次地打骂，长大后就很没有自信。从表面看，这个男人似乎很强悍，其实是外强中干，体罚所造成的不健康情绪与低自尊，一直伴随着他。

7. 家长易失控

许多人表示，体罚孩子时常常越打越气，失去控制，事后经常后悔和内疚。有些家长干脆在打完孩子之后，把孩子带过来疼惜一番，甚至带出去吃东西，这样的做法非常糟糕。还记得第4章所说的注意力吗？人都想要得到所爱之人的注意力，当得不到正面的注意力时，负面的也行，总比没有得到注意力好。当子女想要吸引父母的注意力时，就会下意识地使坏，好得到挨打之后的注意力。

这与家庭中的暴力循环很相似：先生打老婆之后感到愧疚，常常会与老婆有一个"蜜月期"，发誓以后不会再打老婆，并且买花送礼物向老婆示好。只是短暂的平静之后，不久就会再发生一次殴打现象。这种暴力家庭形成的规律和周期就是暴力期—蜜月期—平静期，然后再接着又是一次暴力期，如此循环往复、无休无止。

8. 跨越虐待儿童界线

在美国有非常严格的儿童保护法律，父母亲一旦跨越界线，就会得到虐待儿童的罪名，其结果是很严重的。中国目前对这个问题也很重视。也有一些儿童保护方面的规定。

二、体罚要有限度

家长要学会用智慧、知识及见识来管教孩子，所谓的"随时管教"就是因时因地，用合适的时机和方式来对孩子进行管教，并不是随时随地打骂孩子，也不要认为体罚就是管教孩子的唯一方法。

美国法律规定，允许体罚孩子的身体部位是臀部，因为这个部位肌肉最多，较不易受伤。但是不论如何，孩子被打过后都不能有皮肉伤痕。也就是说，孩子身上不能有任何红肿或瘀青，更不可以有任何内伤。

有一个孩子在家挨了父母的打，第二天到学校上课，孩子小心翼翼地在座位上落座，他的举动引起了老师的注意。经过训练的老师观察到这里面有问题，当即把孩子送到医务室让护士检查。只见孩子的屁股被打得稀烂，家长因此需要负法律责任。大家可能听说过"婴儿摇晃症"。当婴儿不停哭闹时，有些父母不会处理因而生气失控，过度摇晃婴儿，造成婴儿脑震荡。对这种内伤，受过特别训练的医务人员，一眼就可以看出症状，家长也会因此而吃上官司。

虽然没有硬性规定，美国儿童福利局建议，家长若要打孩子，要用手打，不能用物品打。因为他们认为，这样家长打多了，自己的手也会痛，就知道要停下手来。但是也有专家持不同的看法，认为父母的手是用来疼爱子女的，所以打孩子应用物品，不然一旦打骂习惯了，只怕家长的手一举起来，孩子就会马上躲开。

不管如何，打孩子要使他感觉疼痛，又不能留痕迹，是非常不容易的事。教育孩子的方法有很多种，笔者希望父母能尽量少用体罚，学龄后的孩子更是最好不用体罚，而使用其他更好、更有效的方法为妙！再次提醒家长，第10招暂停法只要使用恰当，比过多的体罚以致孩子被打皮了，更有效果。

总复习

父母认清自己的角色，不再要求孩子十全十美，而要能接纳子女的独特性，致力于发掘子女的天赋才能，提供机会帮助子女发挥最大的潜能，并提升孩子的自我形象。

注意孩子的健全成长——智慧、生理、精神及情绪的成长。

教子有方12招：前5招可以多多使用，第6招之后的权威越来越大，要尽量少用。

第1招：身教

第2招：明确教导

第3招：优质时间

第4招：正面注意力

第5招：正确称赞

第6招：忽视

第7招：先才

第8招：施压

第9招：家规

第10招：暂停

第11招：奖励

第12招：体罚

本书列举了许多我们家中的例子，绝对不是表示我家是模范家庭，只是表明在养儿育女的过程中，不论是成功还是失败的体验，我都乐意与大家分享，好让读者能从成功的例子中得到启发，也从失败中找到前车之鉴，不要跟我犯同样的错误。父母的角色是值得一生学习的，宝贵的经验希望我们大家能分享共勉。愿我们都能无愧上天所托，成为称职又有见识的好父母，完成这个充满喜乐与挑战的神圣任务。

亲子天性比较表

	父母	孩子	相似
1. 敏感度（敏锐/大而化之）	_____	_____	_____
2. 活动力（高/低）	_____	_____	_____
3. 掌控强度（高/低）	_____	_____	_____
4. 社交性（易亲近/退缩）	_____	_____	_____
5. 适应力（强/弱）	_____	_____	_____
6. 坚持力（高/低）	_____	_____	_____

7. 注意力（高/低）　　　　_____　　_____　　_____

8. 情绪（平稳/情绪化）　　_____　　_____　　_____

相似总数　　　　　　　　　　　　　　　　　　　_____

负面转正面练习题

爱哭	转正面是	_____
懒惰	转正面是	_____
反应迟钝	转正面是	_____
邋里邋遢	转正面是	_____
死不认错	转正面是	_____
小心眼	转正面是	_____
没志气	转正面是	_____
贪心	转正面是	_____
野蛮	转正面是	_____
笨蛋	转正面是	_____

※建议答案：有丰富感情，很会找省力的方法，深思熟虑，不拘小节，择善固执，注意细节，与世无争，有雄心壮志，勇往直前，大智若愚。

附录 三

正面注意力表

星期一				
星期二				
星期三				
星期四				
星期五				
星期六				
星期日				